UNMAKING THE BOMB
A Fissile Material Approach to Nuclear Disarmament and Nonproliferation

核のない世界への提言
核物質から見た核軍縮

ハロルド・ファイブソン
Harold A. Feiveson

アレキサンダー・グレーザー
Alexander Glaser

ジア・ミアン
Zia Mian

フランク・フォン・ヒッペル
Frank N. von Hippel

鈴木達治郎 監訳
Tatsujiro Suzuki

冨塚 明 訳
Akira Tomizuka

法律文化社 RECNA叢書2

もし平和を望むなら、平和に備えなさい。

——ジョセフ・ロートブラット（1908〜2005）、マンハッタン・プロジェクトに参加した物理学者で、「国際政治の中で核兵器が果たす役割を縮小させる取り組みと、より長い目で見れば核兵器廃絶の取り組み」に対して1995年のノーベル平和賞受賞者

地球上の最後の核兵器が破壊される日は偉大な日となるだろう。お祝いをする日だ。人類の未来をつくりだす我々の選択を実体化させたいものだ。

——ジョナサン・シェル（1943〜2014）、作家

UNMAKING THE BOMB by Harold A. Feiveson, Alexander
Glaser, Zia Mian and Frank N. von Hippel
Copyright © 2014 by MIT Press

Japanese translation published by arrangement with
The MIT Press through The English Agency (Japan) Ltd.

日本語版への序文

　日本の仲間たちがこの翻訳を始めてくれたことに感謝したい。この本が世界中の核兵器の廃絶を追求し、核兵器製造を可能にする核分裂性物質の生産・使用をすべて終わらせる、日本での取り組みに役立つことを願っている。

　日本は核攻撃を経験した唯一の国として、核兵器と核分裂性物質をめぐる世界的な政策論争において重要な位置にいる。広島で使用された爆弾が高濃縮ウランを搭載していたのに対して、長崎はプルトニウムでつくられた爆弾で破壊された。これらは現在でも核兵器に使用されている核分裂性物質である。

　1945年8月以降、核兵器によって破壊された都市は1つもないという事実は、第二次世界大戦中の米国秘密核爆弾プロジェクトに参加し、その使用を阻止しようとした科学者たちにとってうれしい驚きだろう。しかし、米ソ間の核軍備競争と過去70年間にわたる核兵器の拡散には驚かなかったようだ。現在、世界には1万5000発を超える核兵器、及び10万発以上の核兵器を製造するのに十分なプルトニウムと高濃縮ウランが存在する。これらの兵器と核分裂性物質をなくすことは、核軍縮を支持する人たちが直面している難題である。しかし、問題は軍事用核兵器プログラムだけにとどまらない。

　日本を含め、民生用原子力プログラムもまた核軍縮にとって難題である。ここ数年、日本は再処理によって使用済み核燃料からプルトニウムを分離する唯一の非核保有国となっている。結果として、日本は現在、長崎原爆7,000発以上を製造するのに十分な大量の分離プルトニウムを所有している。

　他の非核保有国の原子力関係機関とは異なり、日本の原子力関係機関はプルトニウムを分離し使用することにずっと縛られたままでいる——再処理は使用済み燃料の直接処分よりもコストがずっとかさむことが長年、知られていたにもかかわらずだ。1993年、われわれの1人が東京電力、関西電力、九州電力の核燃料サイクル担当部長とミーティングを持ち、もし現在他の選択肢があったとしても、再び使用済み燃料の再処理を決定するかどうか尋ねたことがある。

彼ら全員が「絶対に選ばない！」と言い、1人が「われわれは身動きが取れないのだ！」と付け加えた。これは国策に関する問題なのだ。核燃料サイクル計画を推進しようとする強大な経済産業省に強制されて、日本の原子力産業は六ヶ所村に20兆円以上の費用をかけて再処理プラントを建設した。それは本来1997年に運転を開始する予定だったが、現在でも稼働していない。

日本でプルトニウム構想を駆り立てたのは、政府が長年いだいてきたプルトニウム増殖炉の商業化という夢である。この夢は増殖原型炉「もんじゅ」の悲惨な経験にもかかわらず、いつまでも続いた。「もんじゅ」は1994年に運転を開始したが、その後の数十年間で稼働したのは全部でわずか7カ月間である。「もんじゅ」を廃炉にする決定は最終的に2016年になされた。

米国、英国、フランス、ドイツではかなり早くに、増殖炉開発プログラムは失敗であるとして断念している。1974年、インドは「Atoms for Peace」プログラムの中で分離した最初のプルトニウムのいくらかを「平和的な核爆発」のために使用し、プルトニウムは単なる燃料ではないことを世界に再認識させた。米カーター政権は、プルトニウム分離と増殖炉が将来の原子力にとって不可欠かどうか見直すことに着手し、それらが不可欠ではなく、実際には、それらを採用しない方が原子力のコストがかからないという結論を下した。数年後、米国の電力事業者たちも同じ結論にたどり着き、深部地層処分場を設置してそこに使用済み燃料とそれに含まれているプルトニウムを安全に隔離するよう米国政府に要請した。しかし放射性廃棄物の地層処分場の立地は地元の反対で、米国、日本、他の国々でも、暗礁に乗り上げている。

いまではプルトニウム推進者たちは、放射性廃棄物の処分は使用済み燃料を再処理してプルトニウムを分離すれば、残りの放射性廃棄物を埋めるだけで、より容易に安全に行うことができると主張する。しかし、日本を含む多くの科学機関の専門的な分析では、深部に使用済み燃料を埋めるか、再処理にともなう放射性廃棄物を埋めるかによる人間環境への危険性に大きな差はない。それに反して、いまでは再処理プラントにある大量の放射性物質が、自然災害や事故、テロリストの攻撃の際に重大な放射線リスクをもたらすことが広く認識されている。

日本はまたウラン濃縮プラントを所有し、現在、新型遠心分離機でプラント

を再構築している。民生用濃縮プラントは発電炉燃料である低濃縮ウランを生産するために使用されるが、兵器用の高濃縮ウランを生産するように容易に再構成が可能である。インドが再処理プラントで物議を醸し出したのとちょうど同じように、イランは民生用濃縮プラントを悪用する可能性で注目を浴びた。民生用の再処理プラント、あるいは濃縮プラントのいずれかを保有することは国家が核兵器を手に入れる時間を劇的に短くする。

したがって日本の再処理及び濃縮能力は近隣諸国にとって、さらに大きな国際社会にとって懸念材料である。それらはまた核兵器保有の余地を残したいのかもしれないと他の国々から引き合いに出される前例にもなっている。いまでは韓国国民のほぼ過半数が、韓国が核兵器を取得することを支持し、韓国政府は日本と同様の再処理及び濃縮の権利を要求してきた。もし韓国が濃縮あるいは再処理プラントを手に入れるようなことになれば朝鮮半島の非核化はさらにいっそう困難になるだろう。

民生用濃縮の難題の1つの解決策は、国家の濃縮プラントを多国籍のコントロール下に置くことだろう。ドイツ、オランダ、英国は、このような解決策に同意し、1970年に濃縮会社ウレンコを設立した。現在は世界の濃縮能力の約3分の1を担っている。同様な取り決めは北東アジアにおいて、おそらく中国、日本、韓国の間で可能かもしれない。もちろん、民生用原子力を段階的に完全廃止することが最も有効であり、それは核兵器のない世界における核拡散リスクを永遠に制約するものになるだろう。

福島第一原発の事故以降、日本国民は日本の原子力発電の将来について議論を重ねている。本書がその議論の手助けとなれば幸いである。

   2017年1月
      ハロルド・ファイブソン、アレキサンダー・グレーザー、
      ジア・ミアン、フランク・フォン・ヒッペル

はじめに

　本書は、核兵器に不可欠な構成要素である核分裂性物質——主要にはプルトニウムと高濃縮ウラン——の存在、継続的な生産、使用が私たちの文明にもたらしている課題を浮き彫りにして取り組むことを目的とした、長年にわたる研究、執筆、教育、政策提言の活動の上に築かれたものである。

　核分裂性物質は1940年より前には、研究室にさえ存在しなかった。この物質が過去70年の間に現在の世界の保有量にまで生産されたのは、少数の国々が核兵器に依存し、そして原子力発電を目的とする特定の技術選択に依存する道を選んだ結果である。2013年時点で核分裂性物質は、合計で10万発を超える核兵器に十分な量があった。いくつかの非核保有国が国際監視の下で保有しているが、それはごく一部にすぎない。ほとんどすべての核分裂性物質は9つの核保有国が保有している。

　多くの国民と多くの政策立案者たちは、数千発の核兵器及び核兵器に使用できる膨大な量の物質が、大惨事を起こすことなく世界中の多くの場所で生産、貯蔵、使用されながら、今後も何もなく世界はずっと続くことができると想定するようになった。核兵器は冷戦期間中に使用されなかったし、核爆発を起こしたテロリストたちは誰もおらず、これまで恐ろしいことは何も起きなかったから、という理由で、今後とも惨事が起きない、ということを信じることはできないのである。

　本書では核兵器及び原子炉燃料中にある核分裂性物質の歴史、生産、現在の保有量、使用についてまず事実を述べる。その後、核分裂性物質の完全廃絶を視野に入れた、世界中にある核分裂性物質の量とそれらを使用・貯蔵する施設立地数を大幅に減らす一連の政策を提案する。私たちは本書が、この政策提言を前進させることが必要であり、その機会があることをもっと政府と市民に信じてもらうのに役立つことを望んでいる。

　私たちの追い求めている目標は新しいものではない。最初の核兵器がつくら

れる前でさえ、何人かの科学者たちは核物質がもたらす深刻な新たな脅威を警告した。そのような声をあげた1人はニールス・ボーアだった。彼は20世紀の変わり目に原子の基本構造を発見した現代物理学の開拓者で、1930年代には、核兵器と原子炉の両方を作動させる膨大なエネルギーを解き放つ過程である、核分裂のメカニズムを明らかにした。ボーアは1944年の米国大統領フランクリン・D・ルーズベルトに宛てた手紙で次のように警告した。「将来のすべての戦争の状況を完全に変える、前代未聞の威力を持った兵器が生み出されつつある。もし新しい分裂性物質の使用を制御する何らかの合意が近いうちに得られないかぎり、いかなる当面の利益がどんなに大きくても、人類社会に対する永遠の脅威の方が上回るようになるだろう。」

脅威に対処することを目的とした取り組みは冷戦の対立によって行き詰まった。世界に脅威をもたらした冷戦という対立が終結してから20年が経ち、核兵器及び原子力関連主要機関・企業を維持しようとする支援者たちの確固とした取り組みは、これらの問題に一般的な関心がないこととうまく結びついて、脅威に対する取り組みが継続的に進展するのを阻害してきたのである。

著者たちは全員が物理学者で、プリンストン大学の「科学と世界規模の安全保障に関するプログラム」のメンバーである。何年にもわたって、核分裂性物質の問題について別々に、そして共同で研究をしてきた。2006年から著者たちは、核分裂性物質に関する国際パネル（IPFM）を組織し、率いることに携わってきた。IPFMを通して、政府から独立した18カ国の専門家、研究者、活動家、元外交官たちがこれらの物質からの脅威を減らす緊急性と機会について、自国の政府と国際社会に助言してきた。

本書はIPFMの研究とリポート、1990年代のデビッド・オルブライト、フランス・バークハウト、ウィリアム・ウォーカーの草分け的研究から多くを引用している。これらの問題に対する私たちの理解は、IPFMの同僚たちや世界中の他のアナリストや活動家たちとの議論や論争を通して改善され、より深くなった。彼らは核分裂性物質が、ニールス・ボーアが危惧したように、人類にとって「果てしない脅威」にならないことを保証する政策を発展させようとしている私たちの熱意に共感する人たちである。私たちは彼らに本書を捧げる。

ハロルド・ファイブソン、アレキサンダー・グレーザー、
ジア・ミアン、フランク・フォン・ヒッペル

　　　　　　　　　　　　　　　　　　プリンストン　2014年

■ 世界の濃縮及び再生処理プラントの地図

目　次

日本語版への序文
はじめに
世界の濃縮及び再処理プラントの地図

第1章　概　要 ─────────────────── 1
核の世界はどのようにして生まれたのか／核兵器と原子力のリンク／核分裂性物質をなくす

第I部　核の世界はどのようにして生まれたのか

第2章　核分裂性物質の生産、便用、在庫 ─────── 20
核分裂性物質とは何か？／核分裂性物質の生産／核分裂性物質と核兵器

第3章　核兵器用の核分裂性物質生産の歴史 ─────── 42
米国：先鞭をつける／ソ連／ロシア：青写真をたどる／英国：戦友関係／フランス：故意の曖昧さ／中国：最初の途上国／イスラエル：そのまま使える核兵器プログラム／インド：原子力平和利用の隠れ蓑／パキスタン：核の闇市場への転換／北朝鮮：核交渉の切り札？／南アフリカ：国際社会の一員になる

第4章　世界の核分裂性物質保有量 ─────────── 66
高濃縮ウラン／分離プルトニウム／保有量の不確実性を減らす：核の透明性に向けて／過去の核分裂性物質の生産の検証

第II部　核兵器と原子力の関係を絶つ

第5章　核分裂性物質、原子力と核拡散問題 ─────── 84
「平和のための原子力」と核技術の普及／IAEAと核不拡散条約

／拡散抵抗性

第6章　プルトニウムの分離を終わらせる ─────── 103
　　　プルトニウム増殖炉／プルトニウムの分離（使用済み燃料の再処理）／分離プルトニウムと国際安全保障／軽水炉でのプルトニウムのリサイクル／再処理と放射性廃棄物の処分／民生用プルトニウムの在庫

第7章　高濃縮ウランの原子炉利用を終わらせる ───── 120
　　　研究炉／HEUを燃料とする研究炉のLEU用への転換／海軍推進炉／海軍炉の低濃縮燃料用への転換

第Ⅲ部　核分裂性物質をなくす

第8章　兵器用核分裂性物質の生産を終わらせる ───── 136
　　　FMCTの歴史／条約における範囲の問題／FMCTの検証の挑戦

第9章　核分裂性物質の処分 ──────────── 151
　　　処分の選択肢に影響を与える要因／高濃縮ウラン／分離プルトニウム

第10章　結　論：核兵器の解体から廃絶へ ─────── 165
　　　核の透明性を高める／HEUとプルトニウムの生産及び燃料としての使用を終わらせる／核分裂性物質をなくす／包括的検証システム／核分裂性物質の時代を乗り越える

付　録：1　世界の主要な濃縮プラント，2　世界の主要な再処理プラント
用語解説
監訳者あとがき

＊各章の原注及び参考文献は法律文化社のウェブサイト「本書の紹介」ページに掲載している。「関連情報」ボタンをクリックして参照してください。

第1章
概　　要

　原子爆弾を発明し、使用したことで人類は文明を数時間で終わらせる手段を身につけた。核兵器はそれ以降、戦争では使われることはなかったが、核兵器を使う準備と脅迫、またその製造能力の追求が世界に恐ろしい影を落としている。いまでは9カ国が核兵器を保有し、新たな国々とテロリストグループがおそらく核兵器を取得しようとしている世界では、大惨事を永遠に未然に防ぐことはきわめて困難である。

　歴史の初期の時代は石器時代や鉄器時代と呼ばれた。ほぼ70年間、世界は「核分裂性物質時代」に生きてきた。核分裂性物質は、膨大なエネルギーを爆風、熱線、そして放射線の形で放出する、爆発的な核分裂連鎖反応を維持することができる。そのような爆発のエネルギーはまた、最新の熱核兵器（水素爆弾）を点火するために利用される。すべての核弾頭には少なくとも数キログラムのプルトニウムまたは高濃縮ウラン（HEU）のどちらかが含まれている。そして多くの場合は両方が含まれている。もし、われわれが核兵器の脅威を減らそうとするのなら、核分裂性物質の生産、保有、利用がもたらす危機を解決しなければならない。

　最初の核爆発――1945年7月16日に米国がニューメキシコ州南部のアラモゴード砂漠で行ったトリニティ・テスト――はプルトニウム爆弾の実験であり、24日後に長崎上空で爆発した。HEUでつくられた爆弾は、別のデザインに基づいたもので、とても単純だったので爆発実験を必要とせずに、1945年8月6日に広島に投下された。これら2つの爆弾はそれぞれ、約1キログラムの核分裂性物質が核分裂を起こし、約百万分の1秒の間に1万8000トンの高性能爆薬の爆発と等価なエネルギーを放出した。

米国大統領ハリー・トルーマン（Harry S. Truman）が広島への原爆投下を知った時、彼はそれを「歴史上、最高の出来事」と表現した。[1] 彼は公式声明の中でこの兵器を「新型で破壊力を革新的に増加させ、」「戦争の歴史の中でこれまでに使用された最大の爆弾の……爆発力の二千倍を超えるもの」と説明した。[2] 彼はオークリッジ（テネシー州）とリッチランド（ワシントン州）を、米国が「歴史上、最大の破壊力を生み出すために使用された原料を製造している」サイトであることを明らかにした。

トルーマンはまた、爆弾の核分裂性物質を生産するのに巨大な規模と費用をかけた秘密の取り組みを次のように公表した。

> 現在我々は核エネルギーの生産に向けられている2つの大規模プラントと、それよりも規模の小さい多数の工場を持っている。建設のピーク時には労働者は12万5000人を数え、いまでも6万5000人を超える人々がこれらのプラントの運転に従事している。多くの人たちはここで2年半働いた。自分たちが何を生産してきたのかを知っている人はほとんどいない。彼らは大量の原料がこれらのプラントに搬入されるのを見ているが、そこから搬出されるものは何も見ていない。詰められた爆発物の物理的な大きさはきわめて小さいからである。われわれは、歴史上最大の科学的ギャンブルに20億ドルを費やし――そして勝った。[3]

マンハッタン・プロジェクトの暗号名で呼ばれている、トルーマン大統領が述べた大規模な秘密の取り組みは、核兵器に十分な量の核分裂性物質の生産に初めて成功した。70年が経ち、核兵器の製造を望む者にとって、そのような核物質を取得することがいまでもなお最大の課題であり続けている。

核分裂性物質時代の最初から著名な科学者たちは、これらの新しい物質と核兵器が世界にもたらす重大な脅威を警告した（図1.1）。1946年1月に、新たに設立された国際連合の総会は最初の決議で、核兵器の全廃計画及び原子エネルギーが平和目的のみに利用されることを保証する管理計画を要求した。[4] 米国とソ連の間では競合する計画が進展したが、冷戦の疑念のために合意には至らなかった。

核兵器を廃絶し、核分裂性物質の利用を管理するという最初の取り組みが失敗して以降、他の9カ国が首尾よく米国の後を追い、爆弾に至るウラン濃縮あ

■ 図1.1

70年前、科学者たちは核分裂性物質とそれらが核兵器に使われる脅威について警告を始めた。左から：ニールス・ボーア，1944年に核分裂性物質が人類にとって「永遠の脅威」になりうるとした[a]；ジェームス・フランク，1945年に「原子力開発は過去のすべての発明よりも限りなく大きな脅威をはらんでいる」と異議を唱えたマンハッタン・プロジェクトの科学者のグループを率いた[b]；アルバート・アインシュタイン，1955年に哲学者バートランド・ラッセルらといっしょに、核兵器廃絶を要求し、核軍縮のためのパグウォッシュ科学者運動を開始するラッセル＝アインシュタイン宣言を発表した[c]；イジドール・ラビ，1949年に「この兵器の破壊力には限界がないという事実は、まさにその存在と、それを組み立てる知識が人類全体に対する脅威をつくりだす」[d]として米国政府に熱核兵器の追求をしないようにと提言した。

写真：Princeton, New Jersey, October 3, 1954.

出典：Metropolitan Photo Service photographer. From the Shelby White and Leon Levy Archives Center, Institute for Advanced Study, Princeton, NJ, USA.

注：[a] Niels Bohr, "Memorandum to President Roosevelt," July 3, 1944, in Niels Bohr, *Collected Works, Volume 11: The Political Arena (1934-1961)*, ed. Finn Aaserud (Amsterdam: Elsevier, 2005), 101-108; [b] James Franck et al., Report of the Committee on Political and Social Problems Manhattan Project (The Franck Report) (University of Chicago, June 11, 1945); [c] Russell-Einstein manifesto, July 9, 1955; [d] Enrico Fermi and I. I. Rabi, "An Opinion on the Development of the Super," in United States Atomic Energy Commission General Advisory Committee, Report on the "Super," October 30, 1949, reprinted in Williams and Cantelon, *The American Atom*, 120-127.

るいはプルトニウム分離のルートを通って核兵器を製造した。ほとんどの場合、核保有国はHEUとプルトニウムの両方の生産を追求した。

　核兵器の検討はしたが製造しないことを決定した他の多くの国々もまたウラン濃縮とプルトニウム分離ができる物理的・化学的技術を習得した。これらの技術はいまや、それほど高度ではない科学能力と工業力を持った、ますます多くの国々の手の届く範囲にある。核分裂性物質を生産する技術が普及すると同時に、核兵器がさらに他の国々に普及する機会が広がるのだ。

　しかし、核テロ攻撃を実行する気になっているかもしれない非国家グループにとって、核分裂性物質の生産は依然として爆弾へのルートにはなりそうにないようにみえる。そのようなグループは、もっと合理的に既存の核兵器や核分

裂性物質を手に入れて核爆弾を製造するかもしれない。このことは核兵器と核分裂性物質の廃絶を国々に求める新しい強力な理由になる。

　第二次世界大戦終結時点で、米国は核兵器を保有する唯一の国であり、生産されたHEUとプルトニウムの量は全部で百キログラム程度——それはほんの数発の核爆弾に十分な量でしかなかった。冷戦期間中、核兵器の数は数万発まで増加し、核分裂性物質保有量の規模は数百万キログラム（数千トン）まで増加した。全体として、核弾頭数は1980年代後半に6万5000発を超えるピークを迎えた。そのような大量の核弾頭の製造を可能にするために、核保有国は合わせて2,000トンを超えるHEUと約250トンの分離プルトニウムを核兵器用に生産した。

　冷戦終結で核兵器の数は減少し、さらに減りそうである。それでも2013年時点で、世界中には依然として約1万7000発の核弾頭があり（訳注：2016年6月現在、約1万5350発程度と推定されている）、それらのほぼ半分が今後数十年にわたる解体を待っている。これらの弾頭の90パーセント以上を米国とロシアが保有している。英国、フランス、中国、イスラエル、インド、パキスタン、北朝鮮は合計で約1,000発の運用可能な弾頭を保有し、おそらく数百発が作戦配備からは外れている。南アフリカは自国の核兵器を1990年代に解体し、核不拡散条約に非核兵器国として加盟した。

　冷戦時代の数万発の核弾頭の解体で、核保有国には大量の過剰な核分裂性物質が在庫として残された。それらがもし処分されなければ再び核兵器に利用されるかもしれない。核兵器を不可逆的に削減するには、この核分裂性物質を処分し、少数の国でいまもなお続いている兵器用の核分裂性物質の生産を終わらせることが必要である。

　しかし問題はこれよりも大きい。いくつかの国は電力生産のために民生用発電炉でプルトニウムを利用（あるいは計画）し、民生用及び軍事用の核研究炉と軍事用の海軍推進炉に高濃縮ウランを使用している。そのような活動に関連する核分裂性物質の最大のものは発電炉の使用済み燃料から分離した民生用プルトニウムである。この物質はすべて兵器に利用できる。それを核兵器に使用させないことを確実に保証するには、原子炉燃料用の核分裂性物質の生産と使用を終わらせ、原子炉燃料用として割り当ててある既存の在庫量を処分するこ

とが必要である。

　本書の目的は、核兵器に利用可能な約1,900トンの世界の核分裂性物質に、段階を追った制限をし、削減を行い、最終的には廃絶する、現実的な政策イニシアティブに対する技術的な基盤を提示することである。これらの物質は核兵器内にあるか、あるいは解体核兵器から回収された核分裂性物質、民生用原子力開発プログラムで利用されるプルトニウム、民生用及び軍事用研究炉と海軍推進炉の保有燃料中のHEUである。このイニシアティブは、すべての核弾頭の大幅削減と最終的な廃絶の促進、核軍縮（訳注：nuclear disarmamentの訳。核兵器を否定する立場に立てば、核兵器全廃をめざした削減を意味するが、抑止機能など一定の存在意義を認める立場に立てば、必ずしも全廃ではなく段階的に行う削減を意味する）の不可逆化、核兵器を保有していない国々への拡散防止、そして起こりうるテロリストグループの核兵器取得防止、にとってきわめて重要である。これらは従来の核軍備管理と不拡散アジェンダを補完するものであり、その重点は、配備核弾頭と運搬システムの制限と削減、核実験の制限、民生用核エネルギー開発プログラムが核兵器に使用される可能性を阻止し検知するための国際監視に置かれている。

核の世界はどのようにして生まれたのか

　本書の第Ⅰ部は３つの章から構成され、核分裂性物質の問題を理解するために不可欠な基本的情報を提供する。以下に、この基本的情報を簡潔にまとめた。

　第２章は、核分裂性物質を生産するための工程、これらの物質がどのように核兵器に使用されているのか、そして現在の国別及び世界の保有量について記述している。

　重いウランの原子核の分割あるいは「分裂」は、第二次世界大戦直前の1938年12月に、ドイツで発見された。その後まもなく、1940年３月、２人の亡命物理学者オットー・フリッシュ（Otto Frisch）とルドルフ・パイエルス（Rudolf Peierls）は、イングランドのバーミンガム大学で少量のほぼ純粋なウラン235の中で爆発的な核分裂連鎖反応が起こる可能性があるかもしれないことを英国政府に警告する技術的覚書を記した[5]（天然ウランは0.7パーセントのウラン235と99.3

パーセントのウラン238からなる）。彼らはまた原子爆弾を組み立てることのできる十分に大きな規模で天然ウランからウラン235を分離できる「同位体を分離する効率的な方法を最近になって開発した」ことを強調した。このことが米国の科学者と政策立案者の注意を引き、この覚書が米国の核爆弾開発プログラムを活気づけた。

　歴史学者たちの関心を最も引いているのは、米国のロスアラモスでJ・ロバート・オッペンハイマー（J. Robert Oppenheimer）が率いた原子爆弾をデザインする取り組みだった。そのマンハッタン・プロジェクトの中で資材と人材を最大に投資したのは、連鎖反応を起こす少量同位体であるウラン235を天然ウランから分離するテネシー州オークリッジの取り組みだった。3つの異なる技術が開発されたが、戦争終結時に採用されたのはガス拡散法であった。これには六フッ化ウランガスの通り道があり、数千の多孔性隔膜（porous barrier）を通るそれぞれのステージでウラン235の濃縮度がわずかに高くなる。より軽いウラン235原子を含む分子は隔膜をわずかだが、より速く通り抜けるからだ。ガス拡散施設は巨大になり、大量の電力を消費した。

　最新の濃縮プラントは、ずっと効率のよい分離技術に頼っている。それはガス遠心分離法である。六フッ化ウランガスは垂直円筒に沿って内部で高速回転させられるので、重い方のウラン238原子を含んだ分子は壁に向かってより強く押し付けられる。遠心分離機のローターの中で、軸の周りのガスの回転と組み合わさって、この工程で装置から2つのウランの流れが取り出される。1つはウラン235がわずかに濃縮され、1つはわずかに劣化している。このような遠心分離機を連続かつ並列に多数連結することで、ウラン235を90パーセント以上含む「兵器級」を含めて、ウランを希望するどんな濃縮度にもすることができる。

　1941年に核分裂連鎖反応を起こすことのできる2番目の元素が発見された。それがプルトニウムである。ウラン235とは異なり、プルトニウムは自然界にはほとんど存在しない。それは原子炉の中でウラン238原子核が中性子を捕獲することで生み出される。最初の原子炉はマンハッタン・プロジェクトの一環として1942年12月にシカゴ大学でエンリコ・フェルミ（Enrico Fermi）のリーダーシップの下で建設された。プルトニウムを大規模生産できるようにデザインさ

れた最初の原子炉はワシントン州中部のコロンビア川に建設された。マンハッタン・プロジェクトの責任者であるレスリー・グローブス将軍（General Leslie Groves）によると、生産炉の場所が遠隔地に選ばれたのは「大型原子炉で連鎖反応を試みたとき、誰も何が起こるかわからなかった」からだ。1つの恐怖は「いくつかの未知の予期せぬ要因」で原子炉が「爆発して大量の高レベル放射性物質を大気中に放出する[6]」かもしれないということだった。

　中性子照射されたウランからプルトニウムを分離することは化学的に行うことができるが、放射線を遮る厚いコンクリートの背後ですべての操作を行う「再処理プラント」が必要である。しかし一度、プルトニウムが高放射能の核分裂生成物から分離されると、プルトニウムは比較的容易に取り扱うことができ、たとえ非国家グループであっても、核兵器として製造される危険性があり得る。これが、核燃料のリサイクルのために使用済み原子炉燃料からプルトニウムを分離する提案が、なぜそんなに論争の的になっているかの理由である。

　マンハッタン・プロジェクトでは種類の異なる核兵器デザインが開発された。単純だが非常に効率のよくない「砲身型」デザインは高濃縮ウラン用に開発された。砲身型デザインはプルトニウムでは機能しないことが明確になったので、プルトニウム用には砲身型より、はるかに困難だが効率のよい「インプロージョン（爆縮）」デザインが開発された。広島原爆には約60キログラムの高濃縮ウランが含まれていた。それに対して長崎原爆は、ほぼ同じ爆発エネルギーだったが、わずか6キログラムのプルトニウムしか含まれていなかった。長崎原爆の最新型デザインでは4キログラム未満のプルトニウム、あるいは12キログラム未満の高濃縮ウランで機能する。

　最新の熱核兵器は「プライマリー（第一段階）」核分裂爆発を、重い水素原子の核融合を含む、はるかに強力な「セカンダリー（第二段階）」爆発の引き金として使用する。これらの核兵器は一般的にプルトニウムと高濃縮ウランの両方を含んでいる——プライマリー核分裂の核分裂性「ピット」内のプルトニウムは平均で約3～4キログラム、核分裂・核融合を起こすセカンダリー内の高濃縮ウランは15～25キログラムである。

　現在の9つの核兵器国はすべて異なる核兵器への道を歩んできたが、ほとんどの場合、他国を手本とし、そして他国の直接の援助にまで頼った。各国にお

ける兵器用核分裂性物質の生産の歴史は第3章に記述されている。最初の、そして最も重要な事例は米国の事例である。マンハッタン・プロジェクトは、ヨーロッパの亡命科学者の集団がその技術的リーダーシップに加わり、ウラン濃縮とプルトニウム生産技術の大規模展開の先駆者となり、また米国に続くほとんどの核兵器開発プログラムに対して技術的なロードマップを提供した。ソ連はとくに最初の核分裂性物質生産施設と最初の核兵器デザインを米国に模倣してつくった。後に、1960年代の初めに、ソ連はガス遠心分離機による濃縮技術を大規模に開発・展開することで新天地を切り開いた。

英国の核兵器開発プログラムは米国の戦時核兵器開発プログラム（マンハッタン・プロジェクト）に参加した物理学者たちが率いた。フランスは1950年代初めに核分裂性物質生産複合施設を建設したが、英国が選択した技術と規模に倣った。高度な科学及び産業の基盤なしで核兵器を取得した最初の国となる中国にとっては、外部の情報もまた重要であった。中国の多くの核専門家たちはソ連で訓練を受けた。ソ連はまた専門のアドバイザーと中国の核分裂性物質生産施設のためのデザインを提供した。しかしソ連の専門家たちは、中国のウラン濃縮施設とプルトニウム生産施設が完成する前に引き上げた。そのため中国は施設を完成させるのに必死になったが完成は遅れた。

イスラエルはフランスから秘密援助を受けた。フランスは完成したプルトニウム生産複合施設、つまり原子炉と再処理プラントの両方を提供した。ウラン不足に直面してイスラエルは南アフリカとの核協力及び取引に携わり、イスラエルのプルトニウム生産炉用にウランを受け取った。

インドは、7番目に核兵器を取得した国で、核施設の建設援助を求めた当初は原子力発電だけに関心があると主張したが、あえて選択の余地を残しておいた。インドは、平和目的としてカナダと米国が提供した研究炉燃料から最終的にプルトニウムを抽出し、そのプルトニウムを核兵器製造に使用した。その点でパキスタンは、1970年代に増え続けた国際的な民生用核技術の供給者——とりわけヨーロッパを拠点とする会社——をうまく利用して、ガス遠心分離プログラムのために主要な部品と材料を購入した。パキスタンはまた中国からテスト済みの核弾頭のデザインを含む直接的な援助を受けた。

北朝鮮は、核兵器開発を行い、テストをした最も新たな国である。ヨンビョ

ン（Yongbyon）のプルトニウム生産炉は、英国が開発して1950年代に公表された原子炉デザインに基づいている。2010年に明らかとなったウラン濃縮プログラムは1990年代にパキスタンから移転された技術に基づいている。北朝鮮は核兵器用の高濃縮ウランを生産するためにこの技術を使用した可能性がある。

最後の事例となる南アフリカは、空気力学の原理を応用した、非効率なウラン同位体分離工程で生産した高濃縮ウランを用いて砲身型核爆弾を製造した。南アフリカが1991年に自国の核兵器を断念して以降、核兵器から回収されたHEUは国際監視の下で貯蔵された。

第4章は、現在の、あるいは将来の用途によって分類された、世界の現在のおよそ1,900トンの高濃縮ウランとプルトニウムの保有量の概観を示す。これらは次のカテゴリーの核分裂性物質からなる。すなわち、①核兵器内にあるか、あるいは核兵器に装填される予定のもの、②海軍推進プログラム内にあるもの、③民生用核分裂性物質、④軍事用としては過剰と公表され将来、原子炉燃料として使用するか、あるいは何か別の方法で処分される元兵器用核分裂性物質、の4つである。

HEUとプルトニウムの両方を最も多く保有しているのはロシアで、米国がそれに続く。ほとんどの軍事用保有量には大きな不確かさがある（典型的には20〜30パーセント程度の誤差）。これまでに自国のHEU及びプルトニウムの保管量を公表したのは米国と英国だけだからである。ロシアのHEU保有量の推定値の不確かさは100トン程度である。

しかし、これらの推定値から、世界の核分裂性物質保有量のほとんどは軍事用複合施設内にあって圧倒的多数が兵器用に割り当てられており、中央推定値はHEUが約955トン、プルトニウムがほぼ144トンにのぼることが明らかになっている。冷戦期の過剰な核兵器をロシアと米国が解体したことで、これらの在庫量は核保有国が保有している現在の実際の弾頭に必要な量よりずっと多くなっている。

軍事用の核分裂性物質の2番目の在庫量は、海軍推進炉燃料に割り当てられているほぼ162トンのHEUであり、ほとんどが米国のものである。加えて、数カ国の民生用核エネルギー開発プログラムの中で分離された約271トンのプルトニウムがある。核兵器に換算すると、このプルトニウム保有量自身は3万発

以上の核弾頭をつくるのに十分な量である。最後に、民生用研究炉専用として約50トンのHEUがある。これは核分裂性物質のカテゴリーの中では最も量が少ないが、普及している国の数は一番多く、それが保管されている施設のセキュリティをさらに高め、そして施設数を減らす、最も骨の折れる取り組みに焦点が置かれてきた。

　世界の核分裂性物質保有量の推定値の不確かさは数千発の核弾頭と等価である。核戦力がさらに減ったとき、このような大きさの不確かさは核軍縮への進展を妨げるものとなるかもしれない。各国の核分裂性物質の保管量の推定値の誤差を減らして核戦力の大幅削減を支える国際的な信頼を構築するためには、核の透明性を大幅に高めることが必要である。それには国ごとに公表された核分裂性物質の生産履歴を検証する新しい二国間及び多国間の協調的アプローチが含まれる。生産記録の調査に加えて、この検証には「核考古学（nuclear archaeology）」の技術が含まれる。それには閉鎖された核分裂性物質生産施設での生産履歴を独立に推定するための物理学的測定が不可欠である。

核兵器と原子力のリンク

　核保有国の出現とともに民生用核技術が多くの国々へ普及した。それは1953年に始まった米国とソ連の「平和のための原子力（Atoms for Peace）」イニシアティブが大きな促進力となった。Atoms for Peace はまた1957年の国際原子力機関（IAEA）の設立につながった。IAEAには原子力平和利用を推進すること、及び核分裂性物質が兵器用に転用されていないことを保証するためにこれらの使用を監視すること、の両方の権限が与えられている。民生用核エネルギー開発プログラムの転用リスクを管理するこのアプローチは1970年の核兵器の不拡散に関する条約（核不拡散条約あるいはNPTとして一般に知られている）に盛り込まれた。本書の第II部は非保有国への核兵器の普及を止め、テロリストグループが核兵器に利用できる物質を入手するリスクを最小限にする課題を取り上げる。

　どんな国でも、必要量のHEUまたは分離プルトニウム、あるいは他の一般的でない核分裂性物質を手に入れれば、核爆弾を製造できるかもしれない。テロリストグループが核分裂性物質にアクセスできれば核爆弾を製造するかもし

れないと想定することも賢明な態度である。25年間、ロスアラモス国立研究所の理論部門長だったJ・カルソン・マーク（J. Carson Mark）と有名な核兵器設計者のセオドア・テイラー（Theodore Taylor）を含む4人の同僚が共著で発表した1988年の研究論文は次のように結論づけている。

> 初歩的な核兵器（砲身型の広島原爆、爆縮型の長崎原爆のような）は、過去に核兵器のデザインや製造に従事したことのないグループでも製造が可能かもしれない。もし彼らがそれらの製造に影響を与える特質、高性能爆薬及び／または化学推進剤の技術だけでなく、専門知識、経験、そして関連分野（例えば使用される様々な物質の物理、化学、金属学、核の特性）の技能を持っていればだが。[7]

したがって核兵器製造への障壁を強化する取り組みは、とくに国家または国家に準ずるグループの核分裂性物質取得をいっそう困難にさせることに集中すべきである。国家に準ずるグループが核兵器を手にする最も考えられるルートは、分離プルトニウムの入手か、または未使用の原子炉燃料、あるいは燃料製造施設からのHEUの入手だろう。そのため、そのような物質を含む燃料を廃絶することはテロリストたちが核兵器を取得する脅威を大いに減らすことになるかもしれない。

　各国による核兵器拡散という点では、状況はさらに困難になる。なぜなら国家は核分裂性物質の転用だけでなく、生産するかもしれないからだ。2012年に韓国のソウルで開かれた核セキュリティ・サミットの際の演説で、米国のバラク・オバマ（Barack Obama）大統領は次のように主張した。「われわれに原子力を与えている、まさにその工程がまた、国家とテロリストたちに核兵器を手の届く範囲に置くことができる。われわれは本来テロリストから遠ざけるべき分離プルトニウムのような物質を単に大量に蓄積し続けることはできない。」[8]

　第5章は、1953年の「平和のための原子力」（Atoms for Peace）イニシアティブによって開始された民生用の核技術の普及について記述している。[9]「平和のための原子力」プログラムによる原子力の世界的規模での推進は、発展途上にあった核科学や工学グループ及び原子力産業の興味を刺激した。「平和のための原子力」は40を超える国々への研究炉の輸出、ほとんどは米国とソ連によるものだったが、とその燃料であるHEUの提供が含まれていた。

必然的に、ますます多くの国々が軽水炉燃料用のウラン濃縮技術と、米国と他の先進工業国が将来の原子炉と考えていた高速増殖炉の燃料用のプルトニウム分離技術（再処理）を取得しようとした。再処理技術と濃縮技術を取得したことで各国は核兵器のちょうど一歩手前のところ、それらを追求する決定をすべきかどうか、というところまで来たのである。

　現在利用されている主要な「核燃料サイクル」は2つある。原子力発電所を所有している30数カ国のほとんどは燃料を「ワンススルー（1回通過）」で使用する。これには世界の原子炉の約4分の1を所有する米国が含まれている。主流の炉型である軽水炉、そう呼ばれるのは普通の「軽」水で冷却されるからである、はウラン235が約3～5パーセントの低濃縮ウランを燃料としている。取り出された使用済み燃料は、その最終処分を待つ間、保管される。このワンススルー核燃料システムには、核兵器に利用できる核分裂性物質に容易に近づくことはまずできないという決定的に重要な利点がある。未使用の燃料中の低濃縮ウランは、さらに濃縮度を上げない限り爆発的な連鎖反応を維持することはできないし、使用済み燃料中のプルトニウムは、ウランの核分裂で生じた高レベル放射性生成物から分離されることは決してない。これは国家に準ずるグループがこの核燃料サイクルから核分裂性物質を取得する機会を事実上、取り去るものである。

　低濃縮ウラン燃料をワンススルーで使用している国々に関する主要な拡散の懸念は、低濃縮ウランを生産するためにデザインされた国の濃縮プラントが短期間に兵器級ウランの生産用に転換されるかもしれないことである。この可能性はイランのウラン濃縮プログラムについて国際社会が抱く不安の核心である。そのプラントは発電炉燃料用のウラン235を5パーセント未満に濃縮したウランだけでなく、テヘランの研究炉で使用する、ウラン235がほぼ20パーセントの少量のウランを生産している。

　2番目に普及している核燃料サイクルは、米国に次いで2番目に多い原子力発電所を所有しているフランスで主に利用されている。それは再処理プラントでの使用済み燃料からのプルトニウム分離と、そのプルトニウムの原子炉燃料中でのリサイクル（軽水炉での混合ウラン・プルトニウム酸化物（MOX）燃料として、あるいは増殖炉燃料として）からなる。

核時代の初期の頃から、民生用再処理への関心は増殖炉という夢によって駆り立てられてきた。それは一般的に、核分裂連鎖反応を起こさないウラン238をプルトニウムに転換させることで、核分裂連鎖反応を起こす物質の消費よりも生産の方が多くなるというものであった。増殖炉を商業化するこの取り組みの遺産の1つが、世界の約271トンの民生用プルトニウムである。第6章は原子炉燃料用のプルトニウム分離を終わらせることに焦点をあてている。

　増殖炉は高い資本コストと信頼性の問題に悩まされてきた。5～6カ国以上の国々で50年以上にわたって増殖炉の研究、開発、実証に1,000億ドル以上が使われたにもかかわらず、商業化の取り組みは大失敗だった。米国、英国、ドイツの意欲的な増殖炉開発プログラムは1980年代と1990年代に断念された。フランスと日本はそれぞれの増殖炉開発プログラムを延期した。2013年時点で、ロシアとインドだけが——最近、中国がパイロット規模で参加したが——プルトニウム増殖原型炉用の燃料として使用する意図でプルトニウムを分離している。

　米国は1980年代初期に増殖炉も再処理も断念したが、他のいくつかの国々は増殖炉の商業化が延期になった後でも再処理を続け、分離プルトニウムをウランと混合して、既存の軽水炉用にMOX燃料を製造することにした。使用済みMOX燃料は今後の動向を待つ間、保管される。この燃料サイクルはワンススルー燃料サイクルよりさらにコストがかかり、同様に放射性廃棄物の処分が困難である。そのため、この燃料サイクルを試みたほとんどの国々は継続を断念した。2012年、英国はいまある契約が終了した時点で再処理を終了するという決定をした。フランスと日本では、本書を執筆している時点で、将来の再処理について議論されているがまだ結論は出ていない。

　1970年代、インドは、非核保有国にとって民生用再処理が核兵器へのルートになることを実証した。それはまた国家に準ずるグループがプルトニウムを盗み、そして使用するリスクを生み出す。なぜなら使用済み燃料集合体とは違って分離プルトニウムには放射線バリアーがなく、扱うのが容易であり（例えば、簡単なグローブボックス内で）、そして8キログラム未満で核兵器を製造することができるからである。酸化プルトニウムもまた放射性物質散布装置に使われるかもしれない。もし吸入すると発癌性がきわめて高いからである。

民生用にプルトニウムを分離するという大義名分が増殖炉には当初あったが、ほとんど稼働できず、不必要であり、非経済的であることがはっきりしたことを考えれば、そして分離プルトニウムには明らかな拡散リスクがあることを考えれば、プルトニウムの分離と燃料としての使用は段階的に止めることが適切だろう。

　第7章は原子炉燃料としてのHEUの使用を終わらせる課題を評価する。HEUは発電炉燃料としては使用されないが、世界中の研究炉及び海軍推進炉の大部分の燃料に使用されている。50〜100キログラムのHEUにアクセスできれば、それほど高度な能力を持たないグループでさえ、核爆発装置を組み立ててしまうだろう。マンハッタン・プロジェクトに参加した物理学者でノーベル賞受賞者のルイス・アルヴァレズ（Luis Alvarez）は、1つの臨界未満質量のHEUをもう1つの臨界未満質量に落として臨界超過質量を生み出す配置にすれば、数キロトンの爆発力を有する簡易HEU核爆発装置を簡単に製造することができるかもしれないと述べている。[10]

　米国が主導した全世界脅威削減イニシアティブは、低濃縮ウラン燃料に転換することで研究炉での民生用HEUの使用を最小限にする取り組みを前進させ、そして未使用及び使用済みのHEU燃料をそのサイトから取り除いている。ロシアは、旧ソ連がHEUを燃料とする研究炉を提供した国々で行われているこの取り組みに協力している。米国とロシアの取り組みはHEUを保有する40以上の国々のうちの約半数からHEUを取り除くことに成功し、残りの半数の国々で進展している。しかしロシアは2010年から自国のHEUを燃料とする研究炉の転換あるいは閉鎖を優先するようになった。2013年時点で、これらは世界に残っている未転換施設の半数以上を占めている。

　海軍推進炉の燃料サイクル内のHEUもまた安全保障を脅かすものである。核分裂性物質の唯一で最大の不法な拡散は、1960年代に米国の海軍燃料製造施設から数百キログラムとみられる兵器級ウランが、明らかにプラントの所有者の協力を得て、イスラエルへ秘密裏に移送されたことだった（第3章を参照）。1993年、ロシアの貯蔵施設からきわめて少量のHEU潜水艦燃料が盗まれたことで、ソ連崩壊後のロシアの核物質を保護する必要性に関心が向けられるようになった。[11]

2001年9月11日の攻撃の後、核分裂性物質のセキュリティに、より大きな関心が寄せられたにもかかわらず、貯蔵庫内のHEUを守るという深刻な問題が米国の核兵器複合施設でさえ、表面化した。2012年6月、3人の反核活動家たちがテネシー州のY-12サイトに新たに建設された高濃縮ウラン材料施設を取り囲む高度なセキュリティ・システムへの侵入に成功した。そこには100トンを超えるHEUがあった。[12] 侵入を許したのは、監視カメラが操作不能であまり機能せず警報に反応できなかったこと、そしてサイトでの不十分な対応計画と手順等、広範な問題に原因があった。核兵器複合施設の管理を行っている米国エネルギー省は核物質の物理的セキュリティに年間約10億ドルを費やしている。

　大量のHEUが米国、ロシア、英国の海軍推進炉の燃料に使用されている。インドはHEUを燃料とする最初の潜水艦の試験航海を2014年に始める計画である（訳注：最初の潜水艦は2016年8月に就役した）。米国だけが将来、海軍推進炉に使用するために152トンの兵器級ウランを蓄えている——それは5,000〜10,000発の核爆弾に十分な量である。しかしフランスは潜水艦と原子力空母の燃料に低濃縮ウラン（LEU）燃料を使用している。中国もまたLEUを使用し、ブラジルは原子力潜水艦を所有する最初の非核保有国となる計画であるが、また少なくとも最初はLEU燃料の使用を選択した、とみられている。もし現在、海軍推進炉燃料にHEUを使用している国々もまたLEUに転換するならば、さらに多くのHEUが過剰であると公表され廃絶されるかもしれない。しかしこの問題はこれまであまり関心を集めてこなかった。

核分裂性物質をなくす

　この本の最後である第Ⅲ部（第8、9、10章）は、核分裂性物質保有量に上限を定め、削減するイニシアティブが、核軍縮に向けた前進をどのように支え、推進できるのかを検討する。核兵器のない世界は、それがまた核分裂性物質のない世界であれば、さらにもっと確固としたものになるだろう。これには核分裂性物質の生産を終了し、そして現在の世界の核分裂性物質保有量を検証可能で、かつ不可逆的な方法で廃絶することが不可欠である。

　第8章は、提案されている兵器用の核分裂性物質の生産を終わらせる条約である、核分裂性物質カットオフ条約（FMCT）について述べる。そのような条

約は米国、ロシア、英国、フランスがすでに兵器用の核分裂性物質の生産を永久に停止したと公表し、中国が生産を中断しているという事実の上に築かれることになる。FMCTは1993年からジュネーブの国連軍縮会議でずっと検討中である。しかし、他の問題——とくにパキスタンが持ち出している——との関連で、公式な交渉の開始が妨げられている。

　一度、交渉が前進すると、条約の範囲及び条約をどのように検証するかという2つの重要な問題が出てくる。範囲に関する主要な問題は、かつて兵器用として存在し、現在は核兵器用には過剰とされている核分裂性物質を、兵器には利用しないことを核保有国が永続的かつ検証可能な形で約束するかどうかということである。

　FMCTの検証の多くは、非核兵器国が核分裂性物質を「核兵器あるいは他の核爆発装置」を製造するために使用しないというNPTの義務を遵守していることを検証するためにIAEAが開発したものと同じ監視技術を使って実行できるかもしれない。IAEA、あるいは（あまり可能性はないが）条約によって確立される別の査察機関は、HEUを生産しているかどうかを判断するために核保有国の濃縮プラントを監視するだろう。そしてもし生産していたとしたら、HEUの他の貯蔵庫あるいは使用を監視する。核保有国の再処理プラントで新たに分離されたプルトニウム及び他の特定核分裂性物質も同様にそのような国際的な監視下に置かれるだろう。そして、もし合意の一部に含まれれば、かつて兵器用として存在していた核分裂性物質で現在は核保有国がすべての軍事用には過剰と公表している在庫量とその使用もまた監視されるだろう。

　FMCTの下では、未申告サイトで高濃縮ウランあるいはプルトニウムの秘密裏の生産が行われていないことを検証することが決定的に重要である。これを成し遂げるには、国際査察官たちに、非核保有国だけでなく核保有国内でも環境サンプルを採取し、疑惑のある施設で「チャレンジ査察」を始める権限が与えられなくてはならないだろう。例えば空気のサンプルの分析は、濃縮操作から漏れ出た六フッ化ウランの分解産物、あるいは再処理によって放出された気体状の核分裂生成物であるクリプトン85の濃度上昇を探知することができるようになるかもしれない。

　核分裂性物質がもたらす安全保障上の脅威を解決する最も効果的で永続的な

方法は、それらをできるだけ不可逆的に処分することである。第9章は高濃縮ウランを処分する現在のアプローチとプルトニウムを処分する別の選択肢について記述している。

　高濃縮ウランの処分は比較的単純である。それは天然ウランあるいは微濃縮ウランと混合して低濃縮ウランを生産し、軽水発電炉の燃料とすることができる。2013年時点で、ロシアと米国はすでに合計すると600トンを超える高濃縮ウランを希釈した。最も劇的なのは、1993年に締結された米ロ協定の下で、ロシアの500トンの兵器級ウランが米国の原子炉の燃料用に希釈されたことである。

　核兵器のプルトニウムの処分はコストがかかり、困難であることがわかっており、ほとんど進展がない。米国とロシアは2000年に、両国が少なくとも34トンの「核兵器開発プログラムから取り出された」兵器級プルトニウムを処分することを約束するプルトニウム管理・処分協定を締結したが、この作業は現在のところ、少なくとも2018年までは開始される予定はない。米国はその過剰なプルトニウムを軽水炉で使用するMOX燃料に製造する計画であるが、2013年時点で、この計画の将来は不透明である。

　MOX燃料として軽水炉に装填されているプルトニウムは照射されることで最初の量の一部が消滅する。残りはプルトニウムのまま残るが、高放射能の使用済み燃料本体の中に、そのプルトニウムが最初に分離される時と同様に、封入されている。プルトニウムは再処理プラントで使用済み燃料から再度分離しなくては核兵器に利用することができない。使用済みMOX燃料は地層処分場で処分されるだろう。米国は、MOX開発プログラムの大幅なコスト上昇と遅れのために、過剰な兵器プルトニウムを処分する別の手段を検討する決定を行った。

　ロシアは過剰な分離プルトニウムを増殖原型炉で使用する計画である。MOX燃料と同様、その使用済み燃料には依然としてプルトニウムが含まれている。ロシアは最終的にプルトニウムを分離し、それを再び原子炉燃料として使用して、分離プルトニウムの事実上、果てしない流れをつくり出そうとしている。

　原子炉を使用しないプルトニウムの処分方法は、これまで考えられてきたよ

りもはるかに価値があるものである。1つはプルトニウムを、元々それが分離された核分裂生成廃棄物を高濃度にした中に戻し入れて混合することである。このプルトニウムを含んだ廃棄物はその後、通常の使用済み燃料といっしょに深地層処分場に置かれるかもしれない。もう1つの選択肢はプルトニウムを耐久性のある母材の中で固定化し、それを深さ3～5キロメートルの掘削孔の地下に処分することである。

第10章では、核分裂性物質からみた核軍縮への展望についての要約を提示し、世界の核分裂性物質の大量の在庫量及び核兵器の脅威を減らすことのできる3つの政策目標を論証する。

1. 核軍縮行程の一環として、核弾頭及び核分裂性物質の保有量の大幅削減の検証を可能にするために、これらの保有量の透明性を根本的に高めること。
2. 民生用及び軍事用原子炉の燃料として、HEUとプルトニウムのこれ以上のすべての生産と使用を検証可能な形で終了すること。
3. 軍事用及び民生用核分裂性物質の保有量を検証可能な形で、可能な限り不可逆的な処分をすること。

核軍縮を信頼し、それを検証することは、分離プルトニウムやHEUの生産あるいは利用がない世界、さらに核分裂性物質が廃絶されている世界ではずっと容易になる。もし民生用原子力が核兵器と並行して段階的に無くなっていくならば、いかなる国も核兵器用の核分裂性物質を生産することがより困難になり、さらに時間がかかることになる。そして国際社会が、国際平和と安全にとって明確な脅威となるものを探知して対応するのがより劇的に容易になるのである。

第Ⅰ部

核の世界はどのようにして生まれたのか

第2章

核分裂性物質の生産、使用、在庫

　核兵器に使用される核分裂性物質はプルトニウムと、ウラン235の同位体が少なくとも20パーセント以上含まれる高濃縮ウランである。この章は核分裂性物質がどのように生産され、兵器としてどのように使用されているかを明らかにする。

核分裂性物質とは何か？

　核分裂は1938年12月に、ベルリンでオットー・ハーン（Otto Hahn）とフリッツ・ストラスマン（Fritz Strassmann）によって発見され、すぐ後にリーゼ・マイトナー（Lise Meitner）と彼女の甥のオットー・フリッシュ（Otto Frisch）によって理論解釈された。その時、2人はそれぞれストックホルムとコペンハーゲンに亡命していた。世紀の変わり目頃にヘンリー・ベクレル（Henri Becquerel）とマリー・キュリーとピエール・キュリー（Marie & Pierre Curie）が放射能を発見して以来、科学者たちは実用的な用途のためにエネルギーが解放されるような核反応を夢見ていた。また英国の放射化学者でノーベル賞受賞者でもあるフレデリック・ソディ（Frederic Soddy）は核エネルギーの脅威に気づき、1903年に次のような警告を出した。

> おそらくすべての重い物質は、ラジウムが持っているのと同様な量のエネルギー——それは潜在的なもので、原子構造と密接な関係にある——を持っている。もしそれが利用でき、制御できるとしたら、この世界の運命を決めるのはどんな使者だろう！倹約家の自然はこの蓄えられているエネルギーの放出を用心深く制限している。そのレバーに手をかける人間は、もし望むならば地球を破壊することのできる兵器を持つだろう。[1]

■図2.1

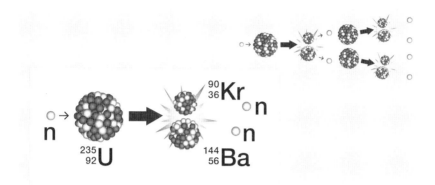

爆発的な核分裂連鎖反応は膨大な量のエネルギーを100万分の1秒で放出する。この例では、1個の中性子がウラン235の核に吸収され、2つの核分裂生成物（この場合はバリウムBaとクリプトンKr）に分裂する。放出されたエネルギーは主に核分裂生成物によって運ばれる。それはお互い電気的に反発して高速度で離れ、周囲のあらゆる物質中の原子と衝突して加熱する。さらに中性子がこの過程で放出され、したがって臨界質量の核分裂性物質中では連鎖反応を引き起こすことができる。連鎖反応は非常に高速で進行する。純粋な高濃縮ウランまたはプルトニウムの臨界超過状態では、100万分の1秒の間に、中性子数の倍化が80回起こることで1キログラムの核分裂性物質を分裂させ、高性能火薬（TNT）で1万8000トンに等しいエネルギーを放出する（訳注：ウラン235の核分裂ごとに発生する2つの中性子がさらに核分裂を引き起こすことが80回続くと、およそ1兆個の2.4兆倍のウラン235が核分裂を起こすことになる。この数は1キログラムのウラン235の原子数に等しい）。

　ソディや他の同時代の科学者たちの著作や論文に影響を受けたH・G・ウェルズ（H. G. Wells）は、1914年に小説『解放された世界』（原書名：The World Set Free）で彼の核戦争のイメージを提示した。[2] ウェルズのイメージはやがてハンガリーの物理学者レオ・シラード（Leo Szilard）をひらめかせ、1933年に核の連鎖反応の可能性を着想させた。翌年、英国で亡命生活を送っていたシラードは核の連鎖反応の応用に関する秘密特許を申請した。[3] シラードは発見されたばかりの中性子を、連鎖反応を維持できる亜原子粒子（訳注：原子より小さいサイズの粒子）として正しく認識していた。しかし、彼の思い描いた特定の反応過程（ベリリウムを含む）は最終的に実現不可能であることが明らかになる。

　ひとたび核分裂が発見されると、数カ国でそれに続く研究が相次いだ。1939年だけでも核分裂過程をさらに詳細に明らかにする論文が100編近く出され、

その年の終わりまでに基本的なことは理解された。重い分裂性原子の核が中性子を吸収すると、通常は中程度の重さの2つの核に分離する。しかし、連鎖反応を維持するには、それぞれの核分裂現象もまた、新たな核分裂を引き起こすことのできる、平均して1個以上の中性子を放出しなくてはならない（図2.1）。ウランの核分裂が平均して2～3個の中性子を放出することは1939年3月にパリでフレデリック・ジョリオ＝キュリー（Frédéric Joliot-Curie）、ルー・コワルスキー（Lew Kowarski）、そしてハンス・フォン・ハルバン（Hans von Halban）によって、またニューヨークでイタリアの物理学者エンリコ・フェルミ（Enrico Fermi）とレオ・シラードが率いる2つのグループによって独自に実験で確かめられた。

　たった1つの核の分裂は1原子あたりで水素分子の燃焼の1億倍以上のエネルギーを生み出し、連鎖反応の2つの世代間の時間は極度に短くできるので、エネルギーを爆発的に放出する可能性がある。

　これらの発見が何を意味するかは多くの核科学者にとって自明であった。1939年の夏、レオ・シラードとアルバート・アインシュタイン（Albert Einstein）は米国大統領ルーズベルト（Franklin D. Roosevelt）に知らせる、今では有名な手紙を起草し、アインシュタインが署名をした。それは次のような内容である。

> 　ここ4カ月の間に、アメリカのフェルミとシラードだけでなく、フランスのジョリオの研究を通して、大量のウランの中で核連鎖反応を人工的に起こせることが有望になってきました。これによって大量のパワーとラジウムのような新しい元素が多量に生み出されるでしょう。これが近い将来に達成できることはいまやほとんど確かのように思われます……新しいタイプのきわめて強力な爆弾をこうしてつくることができるという可能性──それほど確かではありませんが──が考えられます。[4]

　どのようにしたら核爆弾をつくれるかじっくりと考えた研究者たちがいた。中でも注目すべきは、1940年、イングランドのバーミンガム大学で、いまや英国への亡命者となったオットー・フリッシュともう1人、ドイツの亡命物理学者ルドルフ・パイエルス（Rudolph Peierls）が「スーパー爆弾」の可能性について先駆的な覚書を記したことである。その覚書はデンマークの物理学者ニール

ス・ボーア（Niels Bohr）とアメリカの物理学者ジョン・ホイーラー（John Wheeler）の洞察によるものだった。1939年、2人は核分裂連鎖反応を維持することができる天然にあるウランの同位体としてウラン235を特定し、核分裂の物理を明らかにした。天然ウランはウラン235をわずか0.7パーセントしか含まず、残りはほとんどすべてウラン238である（99.3パーセント）。

そのためフリッシュとパイエルスは、ウラン235に基づく爆弾の可能性に焦点をあて、様々な同位体分離技術の存在に注目した。このことが後にウラン「濃縮」として知られるようになり、原理的には天然ウランからほぼ純粋なウラン235の抽出を可能とした。彼らは、爆発的な連鎖反応を維持するのに必要なウラン235の「臨界規模」（現在では臨界質量と呼ばれる）を決定しようと試みた。彼らは純粋なウラン235の臨界質量が0.5キログラムに違いなく、爆弾に必要な総量の「適正なサイズ」は1キログラムであると見積もった。これらの見積もりは約100倍少な過ぎであり、原因の1つは計算に用いた中性子の「断面積」を大きく見積もっていたことである。おそらくこの問題の重大さを過小評価していたこともあって、覚書は米国だけでなく英国での研究を奮い立たせた。ドイツでは、ウェルナー・ハイゼンベルグ（Werner Heisenberg）がウラン235の臨界質量の大きさを約10倍多く見積もり過ぎていて、第二次世界大戦が終わる前に核兵器の製造は不可能だろうと結論づけていた可能性がある。

英国と米国の核兵器開発プログラムの最初の取り組みは、核分裂性のウラン235を、はるかに大量にある非核分裂性の同位体であるウラン238から十分に大きな規模で分離する工程を開発することに集中した。

本書で使用する「核分裂性物質」の定義は、爆発的な核分裂連鎖反応を維持できる物質のことである。高濃縮ウラン（ウラン235が20％以上含まれているウランと定義される）は核兵器に利用可能と考えられている。ウラン235が90パーセント以上に濃縮されたウランはしばしば兵器級と呼ばれる。

ウランはまた、定率でエネルギーを放出するよう制御された、爆発を起こさない連鎖反応を生み出す原子炉にも用いられる。世界中に展開された発電炉では、この反応を、核分裂の間に中性子を吸収することなくその速度を遅くする「減速」媒質の中にウランを配置することで実現している。これはウラン238や他の元素による非分裂性の吸収に比べて、ウラン235の分裂吸収の確率を急激

■ 図2.2

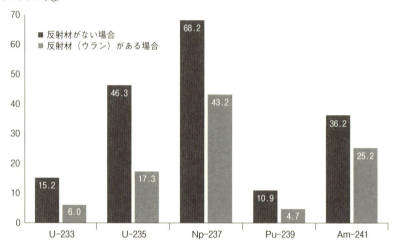

反射材がない（裸の）場合と反射材がある場合の、主要な核分裂性同位体の臨界質量。裸の臨界質量はそのまわりに全く何もないときに、核分裂連鎖反応がかろうじて維持できるのに十分な核分裂性金属の球の質量である。中性子を反射する材料は臨界質量を大幅に小さくするために使われ、ここでは厚さ10 cmの天然ウランのshell（殻）である。ウラン233、ネプツニウム237、及びアメリシウム241は、プルトニウム239と同じように原子炉がつくり出した核分裂性同位体であり、また核兵器を製造するために使われる可能性があるかもしれない。しかし試験的装置の製造以外で利用されたことがないことは明らかである。これらの数値はMCNP 5（訳注：三次元連続エネルギーモンテカルロコード）の計算で決定された理想的な条件での値であり、実際の核分裂性物質は同位体の混合物を含んでいる。例えば米国の兵器級ウランの組成は、1パーセントがウラン234、93パーセントがウラン235そして6パーセントがウラン238である。

に増加させる。中性子の減速材には黒鉛、普通の「軽」水（H_2O)、重水（D_2O）がある。純粋な黒鉛や重水を減速材に用いれば、これらは中性子をほとんど吸収しないので天然ウランを原子炉燃料として使うことができる。ほとんどの発電炉は減速材として軽水を使っている。しかし、軽水による中性子の吸収のために、通常は4〜5パーセントのウラン235を含んだ低濃縮ウランを使用する必要がある。

　2番目の核分裂性物質がまもなく発見された。1930年代半ばから、天然ウランに中性子を照射する原子核実験が行われてきた。ウラン、主にウラン238が核分裂することなく、1個かそれ以上の中性子を捕獲したとき、新しい同位体

と新しい元素が生み出された。このようにして最初に発見された元素の1つがプルトニウム239で、短寿命のウラン239同位体が放射壊変してできたものである。そのプルトニウム239が核分裂を起こすことは、元素が初めて分離された直後の1941年の春に確認された[11]。

人間の手になる他の同位体——ウラン233、ネプツニウム237、及びアメリシウム241——もまた核分裂を維持することができる。しかし公に知られている限り、核兵器に使用されたのはウラン235、プルトニウム239、そしてウラン233だけである[12]。

代替となる核物質の中で、ウラン233とネプツニウム237は、米国とロシア、そしておそらく他の核保有国にかなりの在庫が蓄積されているので、将来にさらなる検証を必要とする難題をもたらすかもしれない。ネプツニウム237は使用済み原子炉燃料から分離することができ、宇宙利用や他の用途のための熱電発電装置で使われるプルトニウム238を生産する放射ターゲットとして使用される。世界中の分離ネプツニウムの保管量は1トン程度になるだろう[13]。

臨界質量に必要な核分裂性物質の総量は、その物質とその化学的な形態、そして中性子を反射して物質に戻す周囲の反射材の特性に大きく依存する。反射材がない（「裸の」）場合と反射材がある場合の、いくつかの核分裂性物質の臨界質量を図2.2に示している。

核分裂性物質の生産

核分裂性物質は自然界には存在しない。それらは複合的な物理的化学的工程を通してしか生み出されない。1940年代初期に、米国のマンハッタン・プロジェクトが開始される前は、核分裂性物質を生産すること、ウランを濃縮すること、あるいは原子炉を建設して運転し、照射ウランからプルトニウムを分離することが一体どのくらい難しいか、予測するのが不可能だった。核兵器を取得するためには、核分裂性物質の生産が主要な障壁であり、専用の大型産業基盤を必要とすることが判明した。後にマンハッタン・プロジェクトのサイトを視察したニールス・ボーアは「国を丸ごと工場に転換することなしにそれは実現できないだろうと君たちに言ったことがある。君たちはそれをちょうど成し遂げたのだ」と述べたと報道されている[14]。これらの物質の生産にかかわる困難

さが、核兵器の取得に対する主要な技術的な障壁となっている。

高濃縮ウラン

ウラン235は天然ウランにわずか0.7パーセントしか含まれない（図2.3）。原理的には、ウラン235が6パーセント含まれる質量無限大のウランであれば爆発的な連鎖反応を維持することができるかもしれないが、兵器の専門家たちは国際原子力機関（IAEA）に、実用的なサイズの核分裂兵器を製造するにはウラン235を20パーセント以上に濃縮したウランが必要だと提言した。そのためIAEAは20パーセントかそれ以上に濃縮されたウランを「高濃縮ウラン」と呼び、それを「直接使用可能な」兵器物質とみなしている。ウランの臨界質量は濃縮度が上がるにつれて急速に小さくなる。それらのサイズを最小にするために、実際の核兵器は典型的に90パーセントかそれ以上に濃縮されたウランを使用している。そのようなウランは「兵器級」と呼ばれる。

ウランは濃縮される前に、選択された濃縮工程に対して最適な化学形態に転換されなくてはならない。核燃料サイクルは一般的に、採掘されて選鉱されたウラン鉱石から始まる。ウラン鉱石の選鉱は粉砕機（ミル）またはそのまま化

■ 図2.3

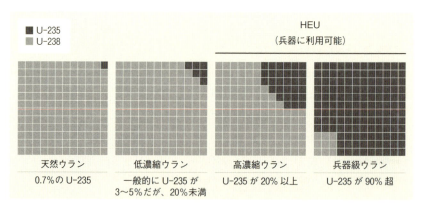

天然ウランと濃縮ウラン。20パーセント未満に濃縮されたウランは、高濃縮ウランと対比させて低濃縮ウランと定義され、兵器転用不可能とみなされる。核保有国は核弾頭のサイズを最小にするために、普通は90パーセントかそれ以上の濃縮ウランを保有している。

学浸出で行われ、酸化ウランの成分を原鉱石の典型的な割合である0.1パーセントから85〜95パーセントまで高める。これには大量の鉱石の処理が必要である。ウラン粉砕機は一般的に輸送コストを最小にするために鉱山の近くに置かれる。粉砕機によって生産されるのが明るい黄色の粉末であるイエローケーキ、U_3O_8であり、商品として広く取引される。イエローケーキはそれからさらに精製され、転換プラントで処理される。一般的に、転換プラントは濃縮プラント用の六フッ化ウラン（UF_6）を生産するが、他にも原子炉燃料として使われる天然ウランの二酸化物（UO_2）や金属ウランのようなものを生産することができる。濃縮のために十分純粋なUF_6の生産、あるいは原子炉燃料用の「原子炉級」二酸化ウランや金属ウランの生産は技術的に難しい。IAEAのウランに対する保障措置は一般的に転換プラントを起点にしている。

ウラン235が濃縮されたウランを生産するには精巧な同位体分離技術を必要とする。なぜならウラン235とウラン238の同位体は化学的にはほとんど同一で、重さが約１パーセント異なるだけだからである。ウラン濃縮技術は広く理解されているが、核兵器を製造する、あるいは軽水発電炉を維持するのに十分な規模で濃縮ウランを生産できる施設は比較的少数の国々にだけにしかない（付録１）。

ウラン濃縮施設では、通常は天然ウランの供給の流れが２つに分離する。すなわち、ウラン235が濃縮された生産の流れと、ウラン235が減少した廃棄物の流れ（最後の流れ）である。この同位体分離の作業は分離作業単位（SWU）で測られる。(SWUには２つの単位、すなわちkg-SWUとトン-SWU［1,000 kg-SWU］があり、本書でのSWUはkg-SWUを指す。）商業用の濃縮施設の能力は通常、年間100万SWU（SWU/年）の単位で測られる。

歴史的にみると、ウラン同位体を分離するのにいくつかの技術が利用されてきた。最初に考案された方法は熱拡散法で、1938年にドイツの化学者クラウス・クルジウス（Klaus Clusius）とゲルハルト・ディッケル（Gerhard Dickel）が発明した。[16]フリッシュとパイエルスは彼らの1940年の覚書で、この方法を、核兵器に必要な量のHEUを生産するために規模を拡大できる可能性のある唯一の方法かもしれないとして引用した。それは非常に長い垂直管から成り立っていて、その壁は冷却され、その軸に沿って熱せられたワイヤーが張られてお

り、中に同位体の混合物を含む気体または液体が入っている。軽い方の同位体は熱いワイヤー付近でわずかに濃度が高くなり、熱せられ、わずかに濃縮された物質は上昇し、逆に濃度が下がり冷却された物質は降下する。この「対向流」が濃縮効果を高める。

　米国は生産規模の施設S-50をテネシー州オークリッジのマンハッタン・プロジェクトサイトに建設し、約1年後の1944年6月に生産を開始した。それは六フッ化ウランで満たされた、それぞれ、ほぼ15メートルの分離塔2,100本以上からなる。[17]施設はウラン235を1.4パーセントまで含む、わずかに濃縮されたウランを生産するのに使われたが、1945年9月に閉鎖された。

　2番目の濃縮法は電磁同位体分離法（EMIS）である。この工程はウランを含んだイオンビームを電磁場に導き、軽い方のウラン235原子を含んだ帯電イオンが電磁場でより大きく曲げられることを利用して、そのビームを2つに分ける。この方法は米国のマンハッタン・プロジェクトの間に、バークレーのカリフォルニア大学のアーネスト・ローレンス（Ernest Lawrence）が開発した「カルトロン」を用いて行われた。電磁分離法はしばらくの間、以下で記述する、ガス拡散プラントでは十分に濃縮されなかったウランの生産物を80パーセント以上に濃縮するために使われた。[18]ソ連も同じようにこの方法を使い、[19]イラクもまた1980年代に自国の核兵器開発プログラムの中で、電磁分離法の使用を試みた。[20]イラクの開発プログラムはかなり長い間、探知されないままだった。なぜなら、他のもっと効率的な濃縮方法――有名なガス遠心分離法――が成功裏に開発されていた後に、そのような非効率的な（しかもエネルギーを大量消費する）工程を利用する国があるとは思いもよらなかったからである。

　ガス拡散法は世界中の濃縮ウランのほとんどを生産するのに使用された。1932年、ノーベル賞受賞者のグスタフ・ヘルツ（Gustav Hertz）はベルリンのジーメンス社で、一連の多孔質粘土の管にネオンガスを通す実験を研究室規模で行う際に、同位体分離のために初めて効果的にガス拡散法を用いた。この方法は英国の第二次世界大戦の核兵器開発プログラムの中で、オックスフォードのクラレンドン研究所を拠点とするドイツの亡命物理学者フランシス・サイモン（Francis Simon）が率いるグループによって、研究室規模でのウラン濃縮に応用された。[21]大規模なガス拡散施設はマンハッタン・プロジェクトにおいて、

オークリッジ・サイトのK-25プラントに設置された。ソ連は第二次世界大戦の終わりにヘルツを捕虜にしてソ連に連行した。彼はそこでソ連の核兵器開発プログラムのためのガス拡散技術の開発に寄与した。[22]

ガス拡散法による同位体濃縮は、ウランを含んだガスの中で、ウラン235を含む軽い方の分子が、ウラン238を含む分子よりも隔膜の中の細孔を素早く拡散することを利用している。しかし、その効果はわずか1パーセントの10分のいくらかで、兵器級に達するまでに分子は何千回も隔膜を通して送り出されなければならない。これには膨大なエネルギーを必要とする。例えば、フランスのジョルジュ・ベスのガス拡散プラント（GDP）は3基の専用の900メガワットの原子力発電所によって作動していた。中国、フランス、ロシア、英国、そして米国のGDPはすべて閉鎖されている。米国の最後のGDPの閉鎖は2013年だった。これらのプラントは、もっと経済的なガス遠心分離プラントにすべて取って代わった。

1980年代から新規に濃縮プラントを建設したこれらの国々はすべて遠心分離技術を選択した。これは最も早く考案された濃縮法の1つで、早くも1919年に、遠心分離法が同位体を分離するのに「最も期待の持てる手段」ではないかと提案されていた。[23] 1934年、塩素ガスについて研究していたバージニア大学のジェーシー・ビームス（Jesse Beams）が初めてガス遠心分離法を使って同位体分離に成功した。米国はマンハッタン・プロジェクトの間、電磁分離法、熱拡散法、ガス拡散法とともに、ウラン濃縮のためにビームスの遠心分離法を発展させることに努めた。しかし、1942年11月、最終的にその取り組みを断念した。[24] ソ連にもまた遠心分離開発プログラムがあったが、1950年代後半まで成熟しなかった。このプログラムに従事していた人々の中に、誘拐されたオーストリアの物理学者ゲルノート・ジップ（Gernot Zippe）がいた（訳注：ジップは第二次世界大戦後にソ連によって誘拐・拘束され、ウラン濃縮法の考案を命ぜられた）。彼は後にドイツと米国での遠心分離開発プログラムと、間接的ながら他の多くの国々のプログラムに寄与することになる（ジップと遠心分離技術の普及についてのさらなる論述は第5章を参照）。[25]

最新式のガス遠心分離機は六フッ化ウラン（UF_6）ガスを超高速で回転させ、重力の10万倍以上の力でウランを外壁に押し付ける。重い方のウラン238原子

■ 図2.4　濃縮ウラン／劣化ウラン

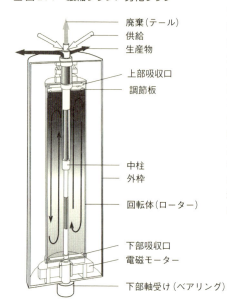

ウラン濃縮のためのガス遠心分離機。遠心分離機を用いて同位体を分離する可能性は、同位体が発見された直後の1919年に検討された。遠心分離機を用いたウランの同位体（と他の元素）を分離する最初の実験は、第二次世界大戦の前及び期間中に小規模ながら成功していた。しかしその技術が経済的に優位になったのは1970年代になってからだった。遠心分離機は最も経済的な濃縮技術であるが、拡散もしやすい。マシンの能力は第一世代のデザインの1～2 SWU/年からエンリッチメント・テクノロジー社による最新式遠心分離製品用の50～100 SWU/年に増加した。

出典：『サイエンティフィック・アメリカン』から図を採用した。

を含む分子は、軽い方のウラン235原子を含む分子に比べて、壁の方に向かってわずかに濃度が高くなる。軸の周りの六フッ化ウランの回転は、遠心分離機の中で引き起こされ、この分離量は遠心分離機の長さ方向に沿って倍加することで、全体としてマシンによる分離量は大いに増加する（図2.4）。1台のマシンの処理能力と濃縮度は小さいので、ほとんどの原子炉で用いられる3～5パーセント程度の濃縮ウランを生産するには、その処理は10段かそれ以上の「カスケード」の中で繰り返される。兵器級のHEUを生産するには、もっと多くの段のカスケードまたは内部でつながったカスケードのシステムが必要である。

　核不拡散の観点からは、遠心分離技術はガス拡散技術に比べて2つの大きな不利な点がある。第一は、典型的なガス拡散カスケードの中に保持される保管量が約1,000トンであるのに対して、遠心分離プラントの中では数キログラムである。このことは、遠心分離カスケードからウランを洗い流すのに、そして濃縮ウランを供給してより高い濃縮度を得るのに数時間しかかからないことを

意味する。これは民生用の濃縮プラントがすばやく兵器仕様に転換される「ブレイクアウト」のシナリオを可能にする。

　第二は、秘密の遠心分離施設はリモートセンシング技術では探知がきわめて難しいことである。年間1ないし2発の爆弾を製造するのに十分な量のHEUを生産できる能力を備えた遠心分離プラントは小さくすることができ、他の多くの工場のビルと区別ができなくなるだろう。電力消費が少ないために、同じような床面積を持つ他の種類の工場と比較して際立った熱的特徴はない。遠心分離施設から大気へのUF_6の漏れはわずかである。なぜならパイプの中のガスは大気圧より低く、したがって、UF_6が漏れ出すよりもむしろ、空気が遠心分離機の中に漏れ込むからである。

　生産している低濃縮ウランを比較的すばやく、兵器級ウランに転換できる遠心分離プラントの能力はとくに問題である。典型的な1,000メガワット（100万kW）の発電炉に1年間に再装填される4.3パーセントのウラン235（低濃縮ウラン）を20トン生産するのに、約200トンの天然ウランの供給と12万SWUが必要である。25キログラムの兵器級ウラン（93パーセントのウラン235）──1発の核兵器に十分な量（以下を参照）──を生産するのに約5.5トンの天然ウランの供給と5,000 SWUしか必要としない。イランがナタンツ（Natanz）に建設しているような濃縮プラントは、元々、1基の原子力発電所を支援できる規模であるため、1年で核兵器20発分に十分な量の兵器級ウランの生産に転用できるだろう。もし4.3パーセント濃縮ウランが注ぎ込まれれば、そのプラントは1カ月で核爆弾8発に十分な量の兵器級ウランを生産できるかもしれない。

プルトニウムの生産と分離

　プルトニウムは地球上のウランが生み出されたのと同じ宇宙の出来事（訳注：恒星の超新星爆発）の際に形成されたが、その半減期が地球の年齢に比べて短い（表2.1）ために、自然界には存在しない。プルトニウムは原子炉の中で生産される。そこではウラン238の原子核が中性子を吸収して短寿命のウラン239を生み出し、それが引き続きネプツニウム239へ、そしてプルトニウム239へと壊変する（図2.5）。

　核兵器用プルトニウムを生産する専用原子炉のほとんどすべては天然ウラン

■ 表2.1 プルトニウムの同位体とアメリシウム241（プルトニウム241が壊変してできる）の主要な性質

	半減期	自発核分裂率	中性子の発生率	熱の発生率	WPu*	RPu*
Pu-238	88年	1,180,000 fis/(kg s)	2,670,000 n/(kg s)	567 W/kg	0.05%	1.80%
Pu-239	24,110年	7.1 fis/(kg s)	16.5 n/(kg s)	1.9 W/kg	93.60%	59.00%
Pu-240	6,570年	479,000 fis/(kg s)	1,030,000 n/(kg s)	7.0 W/kg	6.00%	23.00%
Pu-241	14.4年	<10 fis/(kg s)	< 25 n/(kg s)	3.3 W/kg	<0.30%	<12.20%
Pu-242	374,000年	805,000 fis/(kg s)	1,720,000 n/(kg s)	0.1 W/kg	0.05%	4.00%
Am-241	433年	545 fis/(kg s)	1,360 n/(kg s)	115 W/kg	<0.30%	**
兵器級プルトニウム		30,000 fis/(kg s)	64,000 n/(kg s)	2.5 W/kg		
原子炉級プルトニウム		164,000 fis/(kg s)	354,000 n/(kg s)	13.3 W/kg		

出典：www.nucleonica.net.
注：*WPuは兵器級プルトニウムの組成表示。RPuは熱出力40 MW日/kgで燃焼させたときの原子炉級プルトニウムの成分表示。**原子炉級プルトニウムの中のアメリシウム241の量は、核分裂性物質の年齢（経過時間）に強く依存し、数パーセントは変わり得る。fis/kg s：キログラムあたり、秒あたりの分裂数。n/kg s：キログラムあたり、秒あたりの中性子数。W/kg：キログラムあたりのワット数。

■ 図2.5

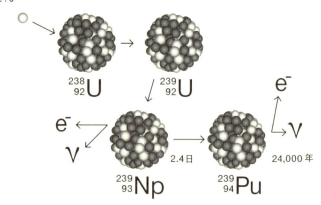

原子炉でのプルトニウムの生成。ウラン235原子核の連鎖反応の核分裂で放出された中性子がウラン238の原子核に吸収される。その結果生み出されたウラン239の原子核は半減期24分で壊変してネプツニウム239に変わる。それはやがて壊変してプルトニウム239に変わる。それぞれの壊変では、電荷を持たず、質量のないニュートリノと負の電荷を帯びた電子が、原子核の電荷の増加とバランスして放出される。

を燃料としてきた。高純度の黒鉛または重水が、中性子の速度を遅くして連鎖反応を維持するための減速物質として用いられ、炉心は水、空気、あるいは二酸化炭素で冷却される。

　最初のプルトニウム生産炉は米国の3基の原子炉で、1944年後半から1945年初めにかけて運転を開始した。[30]それらは各辺が約10メートルの巨大な黒鉛の立方体で、個々のブロック10万個で構成され、重さは2,000トン程度だった。配管は黒鉛の中に2,000を超える水平なチャネル（通路）が張り巡らされて約100トンの燃料を支えている。燃料は円筒形の天然ウランの金属塊でアルミニウムの被覆が施されている。天然ウランは連鎖反応を維持し、含まれているウラン238が余分な中性子でプルトニウムに転換される。この配管はまた、核分裂による熱を奪い去るための冷却水を流している。

　このデザインをソ連がコピーし、後に中国がコピーした。英国とフランスもまたコピーしたが、1957年のウィンズケールの火災事故をもたらした英国の空気冷却実験の後に、冷却材を二酸化炭素に変更した。北朝鮮は、英国がデザインしたガス冷却黒鉛炉をコピーして小型化し、その原子炉で兵器級プルトニウムを生産した。

　兵器用プルトニウムを生産するために使用されてきた別の炉型は、カナダが最初に開発した重水炉である。[31]カナダの最初の重水炉である、オンタリオ州チョークリバー研究所のNRXは、米国＝カナダ＝英国による第二次世界大戦の共同核兵器開発プログラムの一環としてデザインされた（訳注：National Research eXperimentalの略）。それは1947年に20メガワット（2万kW）で運転を始め、米国の戦後の核兵器開発プログラムに比較的少量のプルトニウムを1950年まで提供した。それ以降は研究炉として稼働している。

　重水炉のデザインは、黒鉛が、高さが3メートルを超える直径約2.5メートルの直立した円筒形の重水タンクに置き換えられている以外は、黒鉛炉のデザインと類似していた。タンクは炉心からの中性子損失を減らすために黒鉛の中性子反射材で覆われていた。約200本の垂直な配管が重水タンクに張り巡らされ、アルミニウム被覆された10トンの天然ウランの金属燃料を支え、冷却水を運んだ。重水炉の別のタイプの中には、中性子損失を減らすために重水を減速材と冷却材の両方に用いるものがあり、他は軽水を冷却材に用いるものがあっ

た。米国、ロシア、フランス、イスラエル、インド、パキスタンのすべてがプルトニウム生産のために重水炉を使った。

プルトニウム専用生産炉では、1グラムのウラン235が核分裂するごとに、あるいは、ほとんど等価だが、1熱メガワット日の核分裂の熱エネルギーの放出ごとに、0.8〜1.0グラムのプルトニウムが生産される。例えば、インドのCIRUSプルトニウム生産炉は、インドの最初の核実験のためのプルトニウムを生産するのに使われたが、熱出力40メガワットで毎年9〜10キログラム（およそ2発の核爆弾と等価）の兵器級プルトニウムを含んだ10〜12トンの使用済み燃料を取り出せる。この推定値は全出力運転で80パーセントの稼働時間、1トンあたり1,000熱メガワット日の燃焼度で取り出すことを想定しており、原子炉内で燃料の滞留時間（訳注：燃料が装填されてから取り出されるまでの時間）を限定することで得られた。

プルトニウムはまた民生用の発電炉で生産される。そこでは燃料の滞留時間は一般的にずっと長い。プルトニウム239の原子が、生み出された後に原子炉内に長く留まるほど、2番目の中性子を吸収して核分裂を起こすか、あるいはプルトニウム240となる可能性が高くなる。後者はさらに中性子を吸収することができてプルトニウム241またはプルトニウム242になる。[32] そのためプルトニウムは多様な同位体の混合物になる。典型的な発電炉の使用済み燃料の中のプルトニウム（原子炉級プルトニウム）は、50〜60パーセントがプルトニウム239で約25パーセントがプルトニウム240である。兵器のデザイナーはプルトニウム239ができるだけ多く含まれている混合物で作業することを好む。なぜなら、それは崩壊熱の発生率が比較的低く、中性子やガンマ線の自発放射が比較的少ないからである（表2.1）。したがって「兵器級」プルトニウムは90パーセント以上がプルトニウム239である。しかし、以下に説明するように、原子炉級プルトニウムは、兵器級プルトニウムに対して臨界質量が約3分の1大きいだけで、爆発的な連鎖反応を維持することができる。

軽水発電炉ではプルトニウムの正味の生産量は熱メガワット日あたり0.2〜0.3グラムでしかない。なぜなら燃料が炉心に長く留まるため、約3分の2のプルトニウムが核分裂してしまうからである。したがって電気出力1,000メガワット（100万キロワット）の標準的な軽水炉は、使用済み燃料中に毎年約250キ

ログラムのプルトニウムを生み出す。重水で減速されるCANDU発電炉では、メガワット日あたりのプルトニウム生産量が2倍大きく、より重いプルトニウム同位体の割合はより小さくなる。典型的な軽水炉が炉心の3分の1を12～18カ月ごとに1回交換するのに対して、天然ウランを燃料とするCANDU炉は断続的に燃料を交換する。

　このようにして、ウランをベースとした、あらゆる型の原子炉の使用済み燃料はかなりの量のプルトニウムを含んでいる。例えば、軽水発電炉に装填されたウランの約1パーセントがプルトニウムとして取り出される。しかし、プルトニウムが高レベルの放射性核分裂生成物といっしょに使用済み燃料の中に組み込まれている限り、近づくことは比較的難しい。この非常に強烈なガンマ線フィールドのために使用済み燃料は厚い遮蔽物の背後からしか操作することができない。このことがプルトニウムの転用や国家に準ずるグループによる窃盗を非現実的なものにしている。

　しかし、分離されたプルトニウムは放射線遮蔽なしで扱うことができる。危険なのは主に吸い込んだときであり──プルトニウム金属が燃焼したり、あるいはすでに酸化物の粉末状になっているようなときは──したがって、密閉された容器内かグローブボックス内で扱われなくてはならない。

　プルトニウムは「再処理」プラントで、照射ウランから分離される。使用済み燃料は小片に切断され、高温の硝酸の中で溶かされ、標準的なピューレックス（PUREX：Plutonium URanium EXtractionの略）再処理技術が用いられる。プルトニウムは薄い有機溶剤の中に抽出され、ミキサーと脈動塔（パルス・カラム）を使って硝酸と混ぜられ、全乳からクリームを分離するのに使われるのと同じような遠心抽出機で分離される。これらのすべてが厚い遮蔽物の背後から遠隔操作されなければならないので、再処理は資材と技術的な専門知識の両方を必要とする。その工程と装置の詳細な記述は1950年代からオープンな技術文献として公表されている。

核分裂性物質と核兵器

　2013年時点で9つの核保有国があった。歴史的な順序では、米国、ロシア、英国、フランス、中国、イスラエル、インド、パキスタン、北朝鮮である。最

初の4カ国は、冷戦下の軍備競争に一枚かんでおり、配備された自国の核戦力を冷戦レベルからずっと減らしている。中国とイスラエルは核兵器を製造した、それぞれ5番目と6番目の国であるが、冷戦下の軍備競争には参加せず、過去数十年間、核戦力をほぼ一定に保ってきたとみられている。インドとパキスタンは最初の核実験をそれぞれ1974年と1998年に行ったが、核兵器保有数をいまもなお増やしている。北朝鮮の生産複合施設の現状はよくわからない。核兵器国の核分裂性物質の生産の歴史は第3章でかなり詳しく論じられる。9つの核保有国のそれぞれが保有する現在の核弾頭の保有数の見積もりは表2.2に示されている。

　核弾頭は広島原爆と長崎原爆のような純粋な核分裂爆弾か、あるいは第一段に核分裂爆弾を使う二段式の熱核爆弾のいずれかである。広島原爆は、1つの臨界未満HEU片をもう1つの臨界未満HEU片に打ち込んで臨界超過質量にする「砲身型（ガン・タイプ）」装置だった（図2.6左）。外形16.5センチメートル（6.5インチ）の中空のHEUのシリンダーは砲身の中を進んで、より小さな円柱形のHEU片を包み込み、中身の詰まった64キログラムの濃縮ウランのシリンダーを生み出した（訳注：図2.6左は砲身型装置の概念図であって、広島原爆の構造というわけではない）。その周囲には中性子を反射する天然ウランの塊がある。[33] 発射体の衝突が中性子発生の引き金となり、HEUの中で指数関数的な核分裂連鎖反応が始まった。それは1億分の1秒ごとに2倍になり、100万分の1秒の間におよそ1万5000トンのTNT火薬の爆発と等価な核分裂エネルギーを放出した。[34]

　砲身型兵器は比較的単純な装置で、核爆発実験を行うことなく組み立てられ、貯蔵された。[35] 米国エネルギー省は、核分裂性物質の貯蔵施設への侵入者が「簡易核爆発装置」を組み立て、警備員が立ち入る前の短時間の間に爆発させる可能性さえあるかもしれないと警告している。[36]

　長崎原爆（そしてそれより前の、1945年7月のニューメキシコ州アラモゴードでのトリニティ・テスト）は爆縮（インプロージョン）を使って作動した。爆縮装置の内部では化学爆発によって臨界未満質量の核分裂性物質を、より高密度の球形の塊に圧縮する。圧縮は原子核間の空間を減らし、塊から外へ漏れる中性子を減らし、その結果、臨界超過となる（図2.6右）。圧縮することで臨界質量は

■表2.2　2013年における全核弾頭保管数の見積もり

国　名	最初の核実験の日	現在の核弾頭数
米　国	1945年7月16日	約7,700、うち約3,000は解体待ち
ロシア	1949年8月29日	約8,500、うち約4,000は解体待ち
フランス	1960年2月13日	約300
中　国	1964年10月16日	約250
英　国	1952年10月3日	約225
イスラエル	1979年9月22日*	100-200
パキスタン	1998年5月28日	100-120
インド	1974年5月18日	90-110
北朝鮮	2006年10月9日	10未満

出典：Shannon N. and Hans M. Kristensen, "World Nuclear Forces," in SIPRI (*SIPRI Yearbook 2013: American Disarmament and International Security* (Oxford: Oxford University Press, 2013)).

＊イスラエルが実験を行ったとみられる日は「南大西洋の閃光」が起きた日である（第3章を参照）。

■図2.6

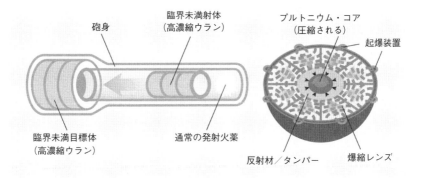

核兵器の中で臨界超過質量をつくり出す2つの方法。広島原爆に使用された、技術的に高度でない「砲身型」の方法では、臨界未満のHEU発射体が臨界未満のHEU目標体に向かって推進する。この一体化する過程は比較的ゆっくりしている。プルトニウムでは、長崎原爆に使用された、より速度の速い「爆縮」法が必要である。これには核分裂性物質の塊の圧縮が不可欠である。爆縮法では、核分裂性物質が高密度に圧縮されるのに伴って臨界質量が減少するので、あまり多くの物質を必要としない。密度が2倍に増えると、臨界質量は通常の密度の時の4分の1に減る。

出典：Alex Wellerstein.

■図2.7

テニアン島で6キログラムのプルトニウムを含む長崎原爆のコアを持つハロルド・アグニュー（Harold Agnew）。
出典：ロスアラモス国立研究所。

減るので、爆縮型兵器は砲身型兵器より核分裂性物質がずっと少なくて済む。爆縮型は、第一世代の核兵器の先へ進もうとするすべての核兵器国が好むデザインである。[37]

どちらのデザインでも、最大爆発力が得られるのは連鎖反応が最も急速に増大するであろう瞬間に連鎖反応が始まるときである。すなわち、核分裂性物質が最大の臨界超過になる瞬間である。この構造は、砲身型兵器では核分裂性物質が完全に集合した時に、また爆縮型兵器では核分裂性物質が最も圧縮された時に到達する。HEUは砲身型兵器と爆縮型兵器のどちらにも使用される。以下に説明するように、高威力の核分裂爆発を得ようとするならばプルトニウムは砲身型装置では使うことができない。

爆縮と中性子反射材の覆いの両方を使うことで、臨界未満質量を臨界超過質量に変えることができるので、最新の爆縮型核兵器のピットの中の核分裂性物質の実際の量は、裸の、あるいは反射材のないときの臨界質量よりかなり小さい。IAEAに提言を行っている核保有国の専門家たちは、核分裂性物質の「有意量」を見積もった。それは長崎型の第一世代の爆縮型爆弾を製造するのに必要な量と定義される。プルトニウムに対する有意量は8キログラムで、HEUに含まれているウラン235で25キログラムである。これらは核兵器製造中の損失を含んでいる。長崎原爆は6キログラムのプルトニウムを含み（図2.7）、そのうち1キログラムが爆発の際に核分裂を起こした。同様の、ウランをベースとした第一世代の爆縮型兵器は約20キログラムのHEUを含んでいたと推定される（ウラン235の濃縮度は90パーセント、つまり、HEUの中のウラン235は18キログラム）。

米国は最新の核爆弾を製造するのに4キログラムのプルトニウムがあれば十分だという機密情報を公開した。IAEAの有意量が示すように、もしプルトニ

■ 図2.8

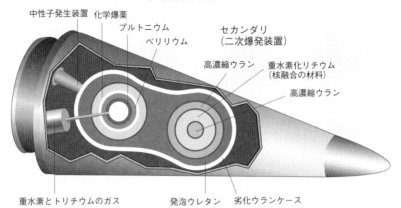

最新の熱核弾頭は通常、プルトニウムと高濃縮ウランの両方を含む。典型的に、これらの核弾頭は200〜300キログラムの質量があり、爆発力は化学爆薬数10万トン（数百キロトン）と等価である。それは質量1キログラムあたり約1キロトンの爆発威力に相当する。比較のために、広島と長崎を破壊した核兵器はほぼ5トンの重さ、あるいは1キロトンの爆発力あたり300キログラムの重さであった。ここに示されたデザインは300キロトンの核爆発力がある、米国のW-87弾頭とされている（訳注：大陸間弾道ミサイル・ピースキーパー搭載用に製造されたが、現在はミニットマンIIIに搭載されている）。

出典：Final Report of the Select Committee on U.S. National Security and Military/Commercial Concerns with People's Republic of China, January 3, 1999.

ウムではなく、HEUをベースとするならば、爆縮型の核分裂はプルトニウムの3倍の量の核分裂性物質を必要とする。このことは、最新のHEU核分裂兵器に含まれているHEUはわずか12〜15キログラムであるかもしれないことを示唆している。

　最新の核兵器は一般的にプルトニウムとHEUの両方を含んでいる。熱核兵器の第一段階（プライマリー）の核分裂は通常、プルトニウムを含むが、「複合」コアの中にプルトニウムとHEUの両方を含んでいることがある。HEUは熱核兵器の第二段階で、核融合反応を開始する手助けをする「点火プラグ」としてしばしば利用され、またそれとは別に、弾頭の爆発力をさらに増加させるために核融合材料を取り囲んでいる（図2.8）。天然ウランあるいは劣化ウランはまた外側の放射線ケースとして使用される。それは第一段階からのエックス線

を閉じ込め、熱核反応を起こす二次爆発装置（セカンダリー）を圧縮する。熱核反応からの中性子は二次爆発装置及び放射線ケースのウランの核分裂を引き起こし、弾頭の爆発力の半分を生み出す。

　熱核兵器に配置された平均的なプルトニウム及びHEUの粗い推定値は、ロシアと米国が冷戦の終結時に保有していた軍事用核分裂性物質の全在庫量の推定量を、1980年代にそれぞれが配備していた核兵器の数で割ることで得られ、それは3～4キログラムのプルトニウム及び25キログラムのHEUである。2012年、機密扱いされていないソ連の文書が明るみになった。その文書は、1953年にソ連が実験した核爆弾には、スーパー級プルトニウム（訳注：兵器級の中でさらにプルトニウム240の割合が3パーセント未満のもの）が2キログラムと0.8キログラムの核爆弾があり、それぞれ5.8キロトンと1.6キロトンの爆発力だったことを示していた[38]。これらはソ連が当時実行したちょうど6回目と7回目の核実験だった。米国は「プルトニウムが含まれている米国のすべてのピットには、少なくとも0.5キログラムのプルトニウムが入っている」事実を機密解除した[39]。

　最新の核兵器では、核分裂の「プライマリー」爆発の威力は、それが爆縮される直前に、水素の2つの重い同位体である重水素とトリチウムの混合ガスを中空の核分裂性物質（「ピット」）に導入することで典型的には1桁「増幅される」[40]。ピット内部の核分裂性物質の温度が約1億℃に達した時、トリチウムと重水素の核融合が開始され、ヘリウムと中性子が生み出される。この中性子バーストは核分裂性物質が核分裂する割合を増加させ、その結果、爆発威力を増大させる。

　熱核兵器（図2.8）では、一次部分（プライマリー）の核爆発の熱がエックス線を発生させ、熱核燃料を含む二次部分（セカンダリー）を圧縮して点火させる。そこでは軽核子である重水素とトリチウムの核融合によって多くのエネルギーが生み出される。セカンダリー中のトリチウムは、爆発の間に中性子がリチウム6をトリチウムとヘリウムに分割することで生成される。

　一時期、原子力業界の多くは発電炉で生み出されたプルトニウムは、プルトニウム240の割合が多いために兵器として使用できないだろうと考えていた。プルトニウム240は自発的に核分裂を起こして中性子を放出する。これは爆弾

の集合体がその最大の臨界超過状態に達する前に、中性子が連鎖反応を開始する確率を高めることになる。この確率はプルトニウム240の割合とともに高くなる。プルトニウムを燃料とした砲身型のデザインでは、たとえ兵器級プルトニウムであっても、このような「事前爆発」が爆発力を1,000分の1に下げることになる。原子炉級プルトニウムは中性子発生率が高いので、同様に、第一世代の爆縮型デザインで推定される爆発力を減らすが、その程度はわずか10分の1程度である。なぜなら臨界超過質量になるまでの時間が非常に短いからである。長崎型のデザインでは、連鎖反応の事前開始が最も早く起こるときでさえ、生み出される爆発力がTNT換算で約1,000トン未満になることはないだろう[41]（訳注：長崎原爆の核爆発力は約22キロトンなので、10分の1とすれば約2,000トン）。これでも十分に破壊的な爆弾である。

さらに最新のデザインでは、プルトニウム同位体の組み合わせは問題にならない。1997年に米国エネルギー省の報告書にまとめられているように、「事実上、プルトニウム同位体のどんな組み合わせでも……核兵器を製造するのに利用できる」。この報告書は「しかし、すべての組み合わせが等しく使い勝手がいいわけではなく、効率がいいわけでもない」ことを認めるが「技術力の低い兵器拡散推進国であっても、あるいは先進核保有国であっても原子炉級プルトニウムは兵器に利用できる。」と結論づけている[42]。同報告書は次のように続く。

> 技術力の最も低いレベルでは、第一世代の核兵器と同レベルのデザインと技術を用いる潜在的な兵器拡散推進国家あるいは国家に準ずるグループは、原子炉級プルトニウムから1ないし数キロトンの確実で信頼できる爆発力を持った核兵器を製造することができるだろう（そして推定される爆発力はそれよりかなり高い）。その対極にある、米国やロシアのような最新のデザインを用いる先進核保有国は、原子炉級プルトニウムから、兵器級プルトニウムからつくられた兵器と比較して一般的に同等な、信頼できる核爆発力、重量、そして他の特性を備えた兵器を製造することができるだろう[43]。

原子炉から取り出したプルトニウムは核兵器に利用される可能性があるので、核分裂性物質の脅威を減らすためには、軍事用だけでなく民生用物質も、あらゆる政策論争の中で取り上げられるべきであることがはっきりしている。

第 3 章

核兵器用の核分裂性物質生産の歴史

　高濃縮ウランとプルトニウムの生産は米国の第二次世界大戦中の核兵器プロジェクトにとっておそらく主要な課題であった。米国が開発した技術は、後に続く核兵器開発プログラムの原型を提供した。

　米国、ロシア、英国、フランスのすべてが、兵器用核分裂性物質の生産を終了したことを公式に発表した（表3.1）。中国は1990年頃から兵器用核分裂性物質の生産は行っていないことを表明したが、この凍結が恒久的なものであると公表することは避けている。なぜなら、進展する米国のミサイル防衛計画と

■表3.1　核兵器を製造した国のHEUとプルトニウム生産の歴史

	高濃縮ウランの生産		兵器用プルトニウムの生産	
	開始年	終了年	開始年	終了年
米　国	1944	1992	1944	1988
ロシア	1949	1987/88	1948	1994
英　国	1953	1963	1951	1995
中　国	1964	1987/89	1966	1991
フランス	1967	1996	1956	1992
イスラエル	?	?	1963/64	継続中
パキスタン	1983	継続中	1998	継続中
インド	1992	継続中	1960	継続中
北朝鮮	?	?	1986	継続中
南アフリカ	1978	1990	なし	なし

注：2012年にロシアは研究炉と高速炉用の燃料を製造するためにHEUの生産を再開したことを発表した。

攻撃兵器計画によって中国が核戦力の増強が必要になるかもしれないという懸念があるからだ。インド、パキスタン、そして北朝鮮は兵器用核分裂性物質の生産を続けているし、イスラエルもそうかもしれない。南アフリカは兵器用（プルトニウムではなく）HEUを生産したが、核兵器の廃棄を決定した時にHEUの生産を終了した。これらの歴史がこの章にまとめられている。

ここで紹介されている核分裂性物質の生産の歴史は、入手できる公式報告書に基づいている。それ以外は、過去20年の間に入手できるようになった非公式報告書、技術記事（論文）、回顧録、そして報道に基づいている。[1] 核不拡散条約の下では、核兵器国と違って、条約に加盟する非核兵器国は、保有するすべての核物質を国際原子力機関（IAEA）に申告し、それらをIAEAが監視できるようにする義務を負っている。しかし、これらの申告値は機密扱いとみなされ、総量以外は公にならない。

米　国：先鞭をつける

米国は核爆弾に至るHEUとプルトニウムの両方のルートを同時に追い求めた。なぜなら、それぞれが不確実な状況だったからである。[2] その結果、米国は両方ともほぼ同時に成功させた。1945年8月6日に広島で使われた爆弾はHEUでつくられたものである。1945年7月16日にニューメキシコ州でテストされ、1945年8月9日に長崎で使われた爆弾はプルトニウムでつくられたものである。

米国は最初、ガス遠心分離法を含む、可能性のある一連のウラン同位体分離技術を検討したが、最終的には電磁分離法とガス拡散法に重点を置くことを決定した。テネシー州オークリッジ近郊にあるマンハッタン・プロジェクトのY-12プラントでは、1945年から1947年の間に、ガ

■図3.1

かつて世界最大の建造物だった、テネシー州オークリッジのK-25ガス拡散プラント。K-25は米国で3基建設されたガス拡散プラントの最初の1基。1945年に運転を開始し、1985年に終了した。プラントの取り壊しは2013年に完了した。
出典：米国エネルギー省。

ス拡散法で生産されたものを電磁分離機に投入することで1トン余りのHEUが生産された。しかし米国のHEU生産はすぐにガス拡散法だけに移行した。テネシー州オークリッジの最初のガス拡散プラント（GDP）は1945年から1964年の間、兵器用HEUを生産した。その後、ここでは1985年まで発電炉燃料用の低濃縮ウランだけを生産した（図3.1）。1956年に生産を開始したオハイオ州ポーツマスの2基目のGDPもまた1964年まで兵器用HEUを生産した。この年、米国の核兵器保有数は3万発を超えるピークを迎えた。

米国の**核兵器用**HEUの生産は1964年に終了した。しかし、退役した古い核弾頭からリサイクルされたHEUから新しい核兵器が製造された。その後、米国の濃縮施設群はほとんどが発電炉燃料用の低濃縮ウラン及び海軍推進炉燃料用の97パーセント超に濃縮されたHEUの生産へと移行した。[3] HEUは、過剰となった冷戦中の核兵器から大量の兵器級ウランを利用できるようになった1992年まで、海軍推進炉の燃料用として生産された。この「余剰HEU」の多くは現在、将来の海軍推進炉用燃料として蓄積されている。プラントを通してリサイクルされたHEUを差し引くと、米国が生産した正味のHEUは累積で約850トンになる。

世界で最初の高出力原子炉は、第二次世界大戦中、米国の核兵器開発プログラムでプルトニウムを生産するために建設された。最初の兵器用プルトニウムはワシントン州のコロンビア川のハンフォード・サイトにある3基の黒鉛減速・軽水冷却炉で生産され、ニューメキシコ州での核実験と長崎原爆に使用された（図3.2）。後に、さらに6基の生産炉がハンフォードに建設され、他に5基の重水減速・重水冷却炉が南カリフォルニア州サバンナリバー・サイトに建設された。サバンナリバー炉の主要な目的はトリチウムを生産することであった。しかし、これらの原子炉でも米国の兵器級プルトニウム保有量のほぼ40パーセントを生産した。[4]

米国のHEUの生産と同様に、米国の兵器級プルトニウムの生産は1950年代から1960年代初めにかけてピークを迎えた。14基の米国の生産炉のうち9基が1960年代から1970年代初めの間に閉鎖された。サバンナリバーの4基の生産炉は主として兵器用のトリチウムを生産するために1980年代まで運転を続けた。またハンフォードの生産炉のうちの1基も運転を続けたが、発電のためだけで

あった。米国の最後に残った生産炉もついに1988年に閉鎖された。米国が生産して取得したプルトニウムは累積すると約110トンになる。

米国は2009年9月末時点で、いまもなお81トンの兵器級プルトニウムと14トンの非兵器級軍事用プルトニウムを保有していることを公表した。これには廃棄物中にあるプルトニウムは含まれない。2013年時点で、このプルトニウムのうち約38トンが核兵器内にあるか、あるいは核兵器に利用できる状態にあり、43トンが軍事用としては過剰であると公表されている。残りのプルトニウムはまだ使用済み燃料中にあるか、廃棄物中

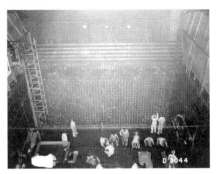

■図3.2

第二次世界大戦中に建設中のハンフォードのBプルトニウム生産炉の積載面 (loading face)。燃料は黒鉛の減速材から突き出ている管の端に押し込まれ、照射済み燃料は原子炉の背後から貯蔵プールに押し出される。稼働初期の熱出力250メガワット (MW) では、年間60〜70キログラムの兵器用プルトニウムを生産した。性能を高めた後は、1968年に最終的な閉鎖となるまで熱出力2,200 MW以上で運転された。この炉は現在、博物館となっている。

出典:米国エネルギー省。

に含まれているか、あるいは処分されたかのいずれかである。

米国は自国のプルトニウムとHEUの生産と使用の歴史を政府の公式歴史文書(正史)として公開した。*Plutonium: The First 50 Years* は1994年末時点での米国のプルトニウムの生産、使用、在庫を記述したものである。[5] 2012年、プルトニウム報告書は2009年9月時点にまで更新された。[6] 同様に、*Highly Enriched Uranium: Striking a Balance* は1996年9月末までのHEUの関連情報を提供し、続報の *Highly Enriched Uranium Inventory: Amounts of Highly Enriched Uranium in the United States* はこの情報を2004年9月末時点までに更新している。[7]

ソ連／ロシア:青写真をたどる

ソ連の核兵器取得の取り組みは第二次世界大戦中に始まった。しかし広島と

長崎への原爆投下直後から、これらの兵器に対する米国の独占をできるだけ早く打ち破るために総力を上げたプログラムとなった。ソ連の「原子エネルギー」の取り組みは1945年11月に公にされ、それは米国のマンハッタン・プロジェクトに倣ってつくられていた。[9]

　核分裂性物質の生産に関しては、ソ連は米国のマンハッタン・プロジェクトの正史である『Atomic Energy for Military Purposes』(著者がプリンストン大学の物理学教授であるヘンリー・デヴォルフ・スマイス (Henry DeWolf Smyth) であることからスマイス・リポートとしても知られている)[10] を利用した。この報告書は広島と長崎の原爆投下から1週間のうちに発行され、プルトニウム生産炉のデザイン及び照射済み燃料からプルトニウムを分離する化学工程の選択肢に関する情報を含んでいた。[11] それはまた様々な濃縮工程及びガス拡散工程の障壁設計に関する情報が論じられていた。報告書はまたこれまでに直面した多くの問題と、それらを克服するための一般的な方策が記述されていた。[12] スマイス・リポートのロシア語訳は1946年の初めに公開され、ソ連の核爆弾プロジェクトの参加者たちの中で広く読まれた。[13] ソ連はマンハッタン・プロジェクトで成功することがわかったこれらのアプローチに研究と開発の重点を置いて、できるだけ早く最初の核兵器を製造する決定を行った。

　さらにソ連の開発プログラムは数人の米国のマンハッタン・プロジェクトの参加者たちからの情報に依拠した。最も重要だったのはクラウス・フックス (Klaus Fuchs) で、彼は大戦中にロスアラモスからモスクワに核兵器のデザインに関する情報を密かに渡していた。[14] これにはプルトニウム爆弾のインプロージョン (爆縮) デザインの詳細な報告が含まれており、ソ連はその最初の核実験のためにほぼ正確なコピーをつくることができた。

　1949年11月、ソ連の最初のガス拡散濃縮プラント (「D-1」) がノヴォウラリスク (Novouralsk；以前は郵便番号を使って、スヴェルドロフスク44として知られていた) で運転を開始した。[15] 米国で行われたのと同様にこのプラントは当初、兵器級ウランを生産するための濃縮工程の最終段階に、電磁分離工程を用いたより小型のプラント (「SU-20」) によって補完された。ソ連はさらに最終的に次の3基の大型濃縮プラントを建設した。セヴェルスク (Seversk；旧トムスク7、1953年)、アンガルスク (Angarsk、1957年)、そしてゼレノゴルスク (Zelenogorsk；

旧クラスノヤルスク45、1962年）である。初期にはこれらのプラントはすべてガス拡散工程に基づいており、1963年には全生産能力は年間約500万分離作業単位（SWU/年）となった。これは年間25トンの兵器用HEUを生産するのに十分な量であり——年間1,000発の核兵器を製造するのに十分な量であった。しかしソ連は1964年を皮切りにガス遠心分離技術の導入を開始し、1990年代初めまでにガス拡散プラントは完全に姿を消した（図3.3）。

■ 図3.3

ノヴォウラリスク（Novouralsk）の遠心分離濃縮プラントの内部。米国及び、後の英国とフランスのプラントと同様に、すべてのソ連のプラントは、最初はガス拡散工程に基づいていた。1964年以降、同じ建物内で遠心分離技術へ移行したことで、ロシアの兵器級ウランの生産率は急増した。

出典：米国エネルギー省。

ソ連のHEUの生産の終了はおそらく1987年か1988年であろうが、公表は1989年10月だった。その時までにソ連は世界で最大のHEUを蓄積した。それらは兵器級ウランが1,250±120トン、海軍推進炉、研究炉及び高速炉の燃料用の低濃縮ウランが約220トンと見積もられている。[16] これらの物質のうちいくらかは燃料として、あるいは核実験で消費された。2013年末までに、1993年の米国とロシアの希釈協定（第9章を参照）の結果として、さらに500トンが廃絶された。この結果ロシアに残されているHEUの推定値は665±120トンとなる。これらには核兵器中にあるか、核兵器に利用できるHEU、海軍推進炉及び研究炉用に蓄積しているHEUを含んでいる。

ソ連はプルトニウム生産量でも米国を上回った。[17] ソ連の最初の生産可能規模の原子炉（「A」）は、米国の最初のハンフォード炉をモデルにしてマヤーク（Mayak；旧オゼルスク。以前はチェリャビンスク40、さらに以前にはチェリャビンスク65と呼ばれた）に建設され、1948年6月に運転を開始した。ソ連は最終的に14基の黒鉛減速・軽水冷却生産炉をロシアの3カ所のサイトに建設した。6基はウラル（Urals）のマヤーク（Mayak）生産施設群に、5基はシベリア（Siberia）のセヴェルスク（Seversk；旧トムスク7）に、3基はジェレズノゴルスク

第3章　核兵器用の核分裂性物質生産の歴史　47

(Zheleznogorsk：旧クラスノヤルスク26)[18]に建設された。さらに4基の重水減速生産炉がマヤーク・サイトで稼働した。

ロシアは1994年に兵器用のプルトニウム生産を停止した。この時までに生産した兵器級プルトニウムは計145±8トンと見積もられる。2012年時点で残っている在庫量は128±8トンと見積もられており、この中には兵器用として過剰であると公表した34トンが含まれる。[19]ロシアは将来、増殖炉で使用するために発電炉燃料から年間1〜2トンのペースでプルトニウム分離を続けている。[20]ロシアは2012年末時点の民生用の分離プルトニウム保有量は50.7トンであるとIAEAに公表した。[21]

米国が核分裂性物質の生産を1960年代と1970年代にしだいに規模を縮小したのと対照的に、ソ連は自国が崩壊するまさに1990〜1991年までフルスピードで生産を続けた。

英　国：戦友関係

米国と英国の核兵器開発プログラムは最初から密接な関係にあった。その共同作業には兵器デザインの機密情報の交換と軍事用の核分裂性物質の交換を含んでいた。

英国の核兵器開発プログラムの歴史は、最初の核兵器デザインの技術的研究として知られる1940年3月のフリッシュ=パイエルス覚書から始まった。[22]この覚書――1つの爆弾に必要な物質の量をかなり小さく見積もってはいたのだが[23]――でオットー・フリッシュとルドルフ・パイエルスは高濃縮ウランを使って核兵器を製造するのに必要な基本的な手順を明確にした。この覚書を受けて英国政府の委員会（MAUD委員会）は、核兵器に関する研究は「核兵器をできるだけ短期間に取得するために、最高の優先度と必要な規模の拡大を続けるべきだ」と提言した。[24]事業の規模がさらに明らかになった時、英国は米国に、自国の核兵器開発プログラムを開始するよう働きかけた。そして英国の科学者の参加を通して、その事業にも参加するパートナーとなった。

しかし第二次世界大戦後、英国は米国の核兵器開発プログラムから排除され、1947年に独自のプログラムを開始した。英国の科学者と技術者たちは核分裂性物質の生産工程と核兵器デザインを作り直した。その一部は米国の戦争中

の取り組み（マンハッタン・プロジェクト）に参加した科学者たちの回想に基づいていた。戦後の英国の核兵器開発プログラムの主要な動機は、英国の大国としての地位を維持しようとする強い熱意であった。[25]

英国の核兵器取得の取り組みは、北西イングランドに核関連の基盤施設を集中して建設することを釈明するために、最初は民生用と軍事用の区別が曖昧な原子炉群に依存した。[26] カンブリア州ウィンズケール（Windscale）のサイトに2基の空気冷却・黒鉛減速炉「パイル」の建設が始まったのは1947年であった。その原子炉は1951年に運転を開始し、1952年10月の英国の最初の核実験用プルトニウムを提供した。この2基は1957年10月のパイル1の黒鉛火災事故の後に両方とも閉鎖された（図3.4）。[27] その後、英国は同じサイトに、プルトニウムと電力を生産する軍民両用の二酸化炭素冷却炉を8基建設した。[28] コールダーホール炉とチャペルクロス炉（それぞれ4基ずつ）は1956年中頃から1960年初めの間に運転を開始し、英国が兵器用プルトニウムの生産を終了する1989年まで、英国の兵器級プルトニウムの大部分を生産した。[29] それらはまたトリ

■図3.4

1957年のウィンズケールの火災の間、空気のサンプルを採取する英国空軍のヘリコプター。1957年10月10日、ウィンズケールのパイル1（背後）の炉心の黒鉛が、定期的な黒鉛の焼きなまし工程の間に発火し、大量の放射能を放出した。2万キュリーのヨウ素131と1,000キュリーのセシウム137を含んでいたと見積もられている（訳注：1キュリーは毎秒3.7×10^{10}ベクレル、1ベクレルは毎秒1壊変）。この事故の結果、2基のウィンズケールのパイルは閉鎖された。その後、英国のプルトニウム生産・発電炉は空気ではなく、二酸化炭素で冷却されるようになった。放出された放射能の見積もりについては以下を参照。

Richard Wakeford, "The Windscale Reactor Accident —50 years On," *Journal of Radiological Protection* 27（3）(2007)：211-215. Epub Aug 29, 2007.

J. A. Garland & R. Wakeford, "Atmospheric Emissions from the Windscale Accident of October 1957," Atmospheric Environment 41（18）(June 2007)：3904-3920.

"Appendix IX: Estimates of Fission Product and Other Radiative Release Resulting from the 1957 Fire Windscale Pile No.1," in Lorna Arnold, Windscale, 1957: *Anatomy of a Nuclear Accident* (New York: St. Martin's Press, 1992).

出典：写真はルイス・ローリングの好意による。

チウム生産のためにも使われた。

英国はまたカープンハースト（Capenhust）サイトに軍事専用のガス拡散濃縮プラントを建設し、1954年から1962年にかけて11±2トンの高濃縮ウランを生産したと推定されている。[30] カープンハーストでのHEU生産に関しては得られる情報がきわめて少ないために、この推定値は非常に不確かである。1962年にHEU生産を終了した時、このプラントはLEUの生産のために再構成され、それが遠心分離濃縮プラントに置き換わる1982年まで、主として英国の改良型ガス冷却炉の一群の燃料を濃縮するために稼働した。

1995年4月18日、英国は「爆発目的の核分裂性物質の生産を終了した」と発表した。[31] それ以降、英国は自国の核分裂性物質と核兵器の保管量について何回かの簡単な公表をしてきた。1998年の国防戦略報告書では、軍事用核分裂性物質の在庫量は「7.6トンのプルトニウムと21.9トンの高濃縮ウラン」からなると公表し、また軍事用には4.4トンのプルトニウムが過剰であると公表した。[32] したがって英国の軍事用プルトニウムの総量は2012年時点で3.2トンである。しかし弾頭あたり平均4キログラムとして、現在の英国のおよそ200発の核弾頭保有数だと、1トン未満のプルトニウムしか必要としていないことになる。

2010年時点で、約10トンの英国のHEUが潜水艦炉推進の燃料——使用済み及び炉内の両方——の中にあった。核兵器用に貯蔵されていないHEUは将来の潜水艦推進炉での使用のために貯蔵されている。[33]

1958年の米英相互防衛協定は、第二次世界大戦後の英米間の核兵器開発プログラムの障壁を解消し、原子炉と核兵器のデザインの情報交換、及び米国のHEU及びトリチウムと、英国のプルトニウムとの交換を正式なものとした。[34] これらの取引の中に含まれる物質の総量は公になっていない。[35] 独自の分析によると、英国は自国で生産したと思われる量以上の、14〜16トンのHEUを受け取ったことが示唆されている。[36]

英国はまた民生用原子力発電所の使用済み燃料からプルトニウムを分離する大規模なプログラムを追求した——最初は高速中性子プルトニウム増殖炉の初期炉心を供給するのに必要だと予想したのである。[37] しかし英国は1994年に高速炉の研究開発の取り組みを中止したにもかかわらず、発電用使用済み燃料の再処理を続けた。2009年、英国は残っている契約分が完了した時に再処理を終了

することを決定し、約100トンの分離プルトニウムをどのように処分するか検討を始めた。英国の民生用プルトニウム保有量は世界最大である。[38][39]

フランス：故意の曖昧さ

　フランスの核兵器開発プログラムもまた、第二次世界大戦中の米国マンハッタン・プロジェクトに参加した多くのフランス人科学者によって築かれた。戦後すぐにフランスは原子力庁（Commissariat à l' Energie Atomique：CEA）を設立し、1950年代初めには自国の核兵器プログラムを開発する可能性の検討を始めた。何よりも重要なことは、1954年11月にCEAが秘かに「核爆発委員会」（Comité des Explosifs Nucléaires：CEN）を立ち上げ、マルクール（Marcoule）にプルトニウム生産炉の建設を開始したことである。当時、これはフランスのプルトニウム増殖炉開発プログラムを即時に立ち上げる戦略として説明された。[40]兵器級プルトニウムの生産は1955年の半ばに始まった。

　1956年後半のスエズ危機――それはエジプトからスエズ運河を奪取しようとしたイスラエルにフランスと英国が加わり、ソ連がそれらの国々を核兵器で脅した――の後にフランス政府は核兵器に対して公にだが、まだ曖昧な立場を表明した。[41]しかし、シャルル・ド・ゴール（Charles de Gaulle）将軍が1958年6月に権力に返り咲いた時に――最初は首相で、その後に大統領として――初めて核兵器開発プログラムは完全に公認された。十分な準備に支えられ、プログラムは急速に進行した。わずか20カ月後の1960年2月13日、フランスは当時のフランス領アルジェリアの砂漠で最初の核兵器を爆発させた。

　フランスの生産施設群は英国のそれらと多くの類似性がある。フランスはマルクール・サイトに一連の専用プルトニウム生産炉を建設した。それらのうち3基は黒鉛減速・ガス冷却炉で、さらに兵器級プルトニウム及びトリチウムを生産するために数基の発電炉を使用した。フランスはまた英国のカーペンハーストのプラントと同程度のサイズのガス拡散濃縮プラントを建設した。

　フランスの軍事用プルトニウムの生産は1992年に終了し、[42]1996年2月に兵器用のプルトニウム及びHEUの生産中止を決定したことを発表した。1996年6月末までにピエールラット（Pierrelatte）の濃縮プラントはHEUの生産を停止した。[43]

第3章　核兵器用の核分裂性物質生産の歴史　51

フランスは過去の生産能力と実績についての情報をほとんど公にしていない。そのため軍事用核分裂性物質の在庫量の推定は依然として難しい。フランスの現在の軍事用プルトニウムは6±1トン、HEUは26±6トンと推定されている。[44] フランスが自国の核戦力を「冷戦期間に保有した弾頭の最大数の半分[45]」である300発未満にまで減らし、海軍推進炉をLEU燃料に移行したことを考えれば、軍事用プルトニウム及びHEUに大量の過剰な在庫量があるにちがいない。

フランスはまた軽水発電炉で民生用プルトニウムの大規模分離とリサイクルを追求した。[46] 1997年まで、フランス南部のマルクール・サイトのUP1プラントは、軍事用及び民生用のガス黒鉛炉から取り出した金属ウラン照射済み燃料を再処理した。[47] フランス北部海岸の半島にあるラ・アーグ (La Hague) では2基目のプラント (UP2) が軽水炉で使用されたセラミック「酸化物」使用済み燃料の再処理を1976年に開始した。[48] 後にフランスはラ・アーグで再処理プラントを拡張し (UP3及びUP2-800)、国外の使用済み燃料——ほとんどドイツと日本からだが——の再処理の契約を資金の大部分とした。こうしてラ・アーグのプラントの認可能力は年間に軽水炉の使用済み燃料1,700トンにまで増加した。これは1ギガワット (100万キロワット) 発電炉80〜90基、あるいは世界の原子力発電所の容量の約4分の1からの取出燃料に相当する。

フランスとその顧客国は、その使用済み燃料から分離したかなりの量のプルトニウムをリサイクルして新しい軽水炉燃料にしてきた。にもかかわらず、2014年末時点でフランスが蓄積している在庫量は、自国の民生用分離プルトニウムが61.9トン、他に国外の顧客が所有するプルトニウムが16.9トンである。[49]

中　国：最初の途上国

中国は高度な科学及び産業基盤なしで核兵器を取得した最初の国だった。そして短期間ではあったが、核分裂性物質の生産施設を建設し、科学的人材を訓練するのに核保有国から広範囲にわたる**直接的な**援助を受けた最初の国であった。中国の初期の核兵器開発プログラムは1955年のソ連との核協力に関する協定によって促進された。この協定は中国に1基の研究炉と技術援助、ソ連での人材訓練の機会を提供するものだった。1958年の2番目の協定は明確に軍事的

様相を帯び、ウラン濃縮とプルトニウム生産のための技術移転が含まれていた[50]。1958年、中国はランチョウ(Lanzhou)ガス拡散プラントの建設を開始した。

1960年12月の中国の核兵器プログラムの現状と能力に関する米国の国家情報評価書（National Intelligence Estimate）は、中国には「訓練された科学者、技術者が不足している」と述べている。評価書は当時、中国で働いている核物理学者はわずか10人であると記載し、「この不足が核分裂性物質の生産施設をデザインし、建設し、稼働させる取り組みの障害となるだろう。とりわけ、ソ連が技術援助を減らしたり、終了したりすれば深刻になるだろう」と結論づけていた[51]。事実、ソ連はすでにその年の8月に技術者を引き揚げていた[52]。

中国の核開発プログラムの正史は「ソ連がその協定を破棄した時……ウラン235の生産ラインの主要な環（link）——ランチョウのウラン濃縮プラント——は基本的に完成しており、濃縮を補完する装置も基本的には完成していた」と報告している。しかし中国の科学者・技術者たちはウラン濃縮プラントを完成させることは「極度に複雑で困難」であることに気づいた[53]。さらに事態を困難にさせたのが「拡散プラントの主要な技術装置が完全に揃っておらず、いくつかの重要な技術データが技術者によってソ連に戻されていたり、焼失したりしていた」という状況であった[54]。またソ連は濃縮プラント用の六フッ化ウランの供給材料を提供するはずだったが、中国はこれを自力で生産する方法を学ばなければならなかった。ランチョウの濃縮プラントが最終的に兵器級HEUの生産を始めたのは1964年の初めであり、ウランをベースにした中国の最初の核実験はこの年の後半に行われた。ランチョウのプラントは1980年にHEUの生産を終了した。

中国の2基目のガス拡散プラントであるヘイピン（Heping）施設は、1975年頃に運転を開始し、初期の能力はランチョウ・プラントとほぼ同じだったとみられている。しかし能力はやがて増強された。ヘイピン・プラントは1987年頃にHEUの生産を終了した。

中国が生産したHEUは20±4トンと見積もられており、核実験及び原子炉燃料として数トンが消費された。現在のHEU保有量はおよそ16±4トンと見積もられている。

他の国々と同様に、発電炉用低濃縮ウランを生産するために中国はガス拡散

法から遠心分離法へと移行した。2013年時点で中国はロシアから提供された3基の遠心分離プラントを保有しており、総能力は150万SWU/年であった。[55] 2010年、中国もまた自前の遠心分離機を用いた1基の濃縮プラントの運転を開始した。その能力は2013年時点で100万SWU/年と見積もられている。[56]

ソ連はまた1基の生産炉と1基の再処理プラントの両方を援助することで、1958年から中国のプルトニウム生産プログラムを加速させた。チュウチュアン（Jiuquan）のプルトニウム生産炉は黒鉛減速・軽水冷却炉で、おそらくソ連のマヤーク炉をモデルにしたものである。原子炉の建設は1960年に始まったが、その年にソ連の援助が終了したので遅れることになった。それが完成したのは1966年であった。

ソ連は中国に再処理プラントのためのデザインを提供したが、そのデザインは明らかにPUREX法とは違うものだった。PUREX法は1950年代初めに米国が開発し、すぐに世界標準となったものである。中国の核［部門］の指導者はソ連のデザインに不満で、1959年に平行して、独自の再処理技術を習得する取り組みを開始した。[57] 中国は1964年にチュウチュアン・サイトに軍事用の再処理プラントの建設を始め、それは1970年4月に完成したが、「いくつかのデザイン上の欠陥」のために運転を開始したのは1976年だった。[58]

1967年、中国は予想される米国やソ連からの攻撃を防御するために、フーリン（Fuling）近くの山の地下にある鉱山洞窟に3基の熱出力80メガワットの黒鉛減速・軽水冷却プルトニウム生産炉の建設を開始した。しかし進展はゆっくりでプロジェクトは最終的に断念された。代わってチュウチュアン炉のコピーがコワンユワン（Guangyuan）の近くに建設された。新しい原子炉は1973年12月に臨界となった。2010年、フーリンに一部完成していた地下の原子炉施設群は観光名所として公開された。[59]

中国の生産した兵器級プルトニウムは2.0±0.5トンと推定されている。[60] このプルトニウムのうち、200キログラムが中国の核実験に使われたと推定され、兵器用プルトニウム保有量は1.8±0.5トンが残されている。[61]

中国は兵器用の核分裂性物質のすべての生産を中断していることを非公式に表明した。[62] しかし、必要となれば、その生産を再開する政策をとっているように思われる。[63]

中国はまた発電炉の使用済み燃料を再処理して、電力生産のための増殖炉燃料に分離プルトニウム使う民生用プログラムを開始した。年間50～60トンの使用済み燃料の処理能力を備えた民生用のパイロット・プラントが2010年12月にカンスー（Gansu）省で運転を開始した。[64] このプラントでは2012年12月31日時点で13.8キログラムのプルトニウムを分離した。[65] 中国はここ数年、フランスから購入するか、それとも自前でデザインした商業規模の民生用再処理プラントを建設するかという計画について議論をしてきた。しかし、コストが高くなることで政府の決定は遅れている。

イスラエル：そのまま使える（ターンキー）核兵器プログラム

　イスラエルは1950年代、フランスからの包括的な秘密援助を受け、ディモナ（Dimona）サイトで核兵器開発プログラムを開始した。それは完成した核分裂性物質の生産施設群を核保有国が提供した初めてのことであり、同盟国の核兵器開発プログラムをすぐに開始させるという明確な目的のために、そのまま使用できる（ターンキー）原子炉と再処理プラントが含まれていた。[66] 報道によればフランスはイスラエルに核兵器のデザインと製造に関する情報も提供したとされる。[67] しかし、今日までイスラエルは核兵器の保有を認めていない。プルトニウムに加えて、ディモナ炉はトリチウムを生産しているとみられている。このサイトにはまた小型の遠心分離ウラン濃縮プラントがあるかもしれない。[68]

　ディモナ核施設に関する唯一の内部情報は1986年10月のロンドン・サンデータイムズの１面に掲載された暴露記事であった。それは1977年から1985年までそこで技術者として雇われていたモルデハイ・バヌヌ（Mordechai Vanunu）が提供した情報に基づいていた。バヌヌはその後、イタリアで拉致され、イスラエルで国家反逆罪の有罪判決を受け、18年間獄中で過ごした。バヌヌのノートと、彼がディモナ施設群の内部を撮影した約60枚の一連の写真（図3.5）は、以下にまとめられたイスラエルのプルトニウム生産に関する評価の基礎となった。専門家たちは、バヌヌとのインタビューであかされた、その他の詳細な未公表技術情報を信用できるものと判断した。しかし、つじつまの合わない情報もいくつかあった。[69]

　イスラエルのプルトニウム生産と現在の核分裂性物質保有量の推定はディモ

■ 図3.5

a

b

核爆弾の模型の部品を示す、1985年かそれ以前にバヌヌがディモナの内部で撮影した2枚の写真。バヌヌは施設の運用に関する彼のノートとともにこれらの写真をロンドン・サンデータイムズ記者に提供した。この情報に基づいた1面記事が1986年10月5日のタイムズで公表された。しかし、このときバヌヌはイスラエルの諜報機関によって拉致され、イスラエルに移送された。そこで彼は秘密裁判にかけられ18年の禁錮刑判決を受けた。
出典：著者の保存記録。

ナ・プルトニウム生産炉の運転履歴に基づいている。この重水「研究炉」は元々24〜26 MWの設計熱出力を持つと報告されていた。しかし、初期に出力を改良した証拠があり、原子炉は1970年代から熱出力70 MW以上で運転されていると一般的には推測されている。[70] バヌヌのインタビューからは正味のプルトニウム生産量は年間36キログラムと示唆され、それは約140 MWの熱出力レベルに相当する。

2012年末時点でディモナでの累積生産総量は840キログラム±125キログラムと推定されている。[71] これは約160発の核兵器に十分な量であり、イスラエルが考えている国家安全保障上の要求に十分応え得ると考えられる。ディモナでのプルトニウム生産は2013年時点で、核兵器用のトリチウム生産の主な「副産物」として続いている可能性がある。プルトニウムと違ってトリチウムの半減期は12年と短いので補給される必要がある。

イスラエルはディモナ炉の運転を支えるのに海外のウラン資源に頼ってきた模様だ。1968年、イスラエルは200トンのウラン鉱石をベルギーから秘かに入手した。それは海上で1隻の船から別の船に移し替えたプランバット事件（Plumbat affair）として知られるようになった。[72] さらに重要なのは、南アフリカがイスラエルに500トンのウランを

1965年から提供し始めた事実だ。このウランが二国間の保障措置の下にあったのは1976年までであった。この年、南アフリカはこれらの保障措置の撤廃に同意し、30グラムのトリチウムと引き換えに、さらに酸化ウランのイエローケーキ100トン（約70トンのウランに相当）を供給した。[73] したがって南アフリカのウラン供給支援はイスラエルのディモナ炉の運転を長年にわたって続けるのに不可欠だったのである。南アフリカが供給したウランの総量は、イスラエルの推定保有量の約50パーセントに相当する約400キログラムの兵器級プルトニウムを生産するのに十分な量であった。

またイスラエルは、米国の海軍燃料製造プラントから最大で数百キログラムの兵器級HEUを秘かに入手したとみられる。[74] イスラエルがウラン濃縮に関心を持っていることもまた十分に立証されている。[75] しかし、バヌヌが記述した遠心分離やレーザー技術に基づいた濃縮プログラムが、研究や開発の範囲を越えていたという証拠は見あたらない。

インド：原子力平和利用の隠れ蓑

インドの核開発プログラムは、広島と長崎への原爆投下の直後、1947年の独立後まもなく開始された。着手段階から核開発プログラムは、電力生産をめざすと主張しながら、核兵器の選択肢の余地を残すことを狙った技術的選択も行うなど、その目的が曖昧だった。

インドはプルトニウムへの道を選んだ。なぜなら1950年代半ばまでは、原子炉及び再処理技術を取得するには、Atoms for Peaceを通して国際的な援助を受けられたが、濃縮技術はそうではなかったからである。[76] インドの最初のプルトニウム生産炉は、カナダが提供した熱出力40 MW、重水減速・軽水冷却・天然ウラン燃料のCIRUS炉だった（訳注：Canadian-Indian Reactor, U.S,の略）。それはカナダのNRX炉に基づいたものである。[77] 重水は米国が供給した。CIRUS炉は1960年に臨界に達し、1963年に全出力での運転を始めた。

原子炉への供給を含むという条件の下で、インドは炉とそれから生み出されるプルトニウムを平和目的のために使用すると約束した。[78] しかし後に、CIRUS炉の使用済み燃料から分離したプルトニウムを1974年の核爆発実験に使った。インドはこのテストを「平和目的の核実験」と説明したが、カナダと

米国はインドとの原子力協力を30年にわたって中断した。米国との協力は2008年に米インド原子力協定の一環としてようやく復活した。この協定締結により、それまでインドとの原子力貿易を禁止してきた44カ国からなる原子力供給国グループ（NSG）・ガイドラインが変更され、国際的議論を呼んだ。この協定の一環として、2010年12月にCIRUS炉は閉鎖された。

　1985年、CIRUS炉に次いで2基目のプルトニウム生産・研究炉が運転を開始した。ドルバ（Dhruva）と呼ばれるその原子炉は熱出力100 MWの重水減速・重水冷却炉であった。インドは同様の出力を備えたもう1つの原子炉を2017～2018年に稼働させる計画である。

　インドはまた1960年代にカナダから提供された2基の電気出力220メガワット（MWe）の加圧重水炉（PHWRs）をコピーし、後にデザイン変更させて、2013年時点までにさらに16基の重水炉の一群を建設した。[79]これらには保障措置の対象外の11基の 220 MWeと2基の 540 MWeの加圧重水炉が含まれている。これらの原子炉から取り出された最初の使用済み燃料は燃焼度が低く、プルトニウム239が90パーセントを超えるプルトニウムを含んでいた。すなわち、それは兵器級と呼ばれるものである。[80]

　インドは合計で620±180キログラムの兵器級プルトニウムを生産したと推定されている。これらのプルトニウムの一部は1974年と2008年の核実験、及び1985年に稼働したプルトニウムを燃料とする高速増殖試験炉（FBTR）の初期炉心として使われた。2012年時点で、インドの兵器用プルトニウム保有量は540±180キログラムと見積もられている。

　保障措置対象外のPHWRsの一群から取り出した分離プルトニウムは4.7±0.4トンと見積もられている（2012年末時点）。それらは専用生産炉から取り出した兵器用プルトニウムの約10倍である。[81]インドはこのプルトニウムは電力生産のための増殖炉の一群の燃料にすると主張している。しかし、500 MWe高速増殖原型炉（PFBR）はIAEA保障措置の対象外である。PFBRは原子炉級プルトニウムが装填されると、その炉心を取り巻く天然ウランの「ブランケット」が中性子を捕獲することで年間100キログラム以上の保障措置対象外の兵器級プルトニウムを生産することができるだろう。[82]インドには2020年までにさらに4基の増殖炉を建設する計画がある。

トロンベイ (Trombay) のバーバ (Bhabha) 原子力研究センターにある、インドの最も古い再処理プラントのデザインは米国が平和目的のために提供したが、兵器用プルトニウムを分離するために使われてきた。インドはさらに２基の再処理プラントを1977年と1998年に建設したが、ほとんどが増殖炉の起動用プルトニウムを供給するためである。[83] 2010年には別の再処理プラントが完成した。[84] さらに「かなり大型の」再処理プラントがここ数年にわたって建設中である（2013年時点で）。[85] インド原子力省は10年後をめどにさらに３基の再処理プラントを建設して、年間の再処理能力を500トンに近づける予定である。[86] 当面は、これらのプラントが保障措置の対象になるとは思われない。

インドは最初、ウラン濃縮は困難と考えていたが、1970年代に遠心分離濃縮技術の開発を始めた。インドはいまでは２基のガス遠心分離濃縮施設を保有している。試験プラント１基（訳注：トロンベイにある）は1985年から稼働しており、マイソール (Mysore) 近くのラッテハリ (Rattehalli) にある大型生産プラント１基は1990年から稼働している。ラッテハリ・プラントはインドの原子力推進潜水艦に装填する、ウラン235を30〜45パーセントに濃縮したHEUを生産するためとみられている。2012年時点でインドのHEU保有量は2.4±0.8トンと推定されている。

インドはさらに新世代の高性能の遠心分離機を開発し、遠心分離濃縮能力は増加した。カルナータカ州 (Karnataka) のチトラドルガ (Chitradurga) 地方に２基目の濃縮プラントである「特殊物質濃縮施設」が計画されている。インド原子力委員会委員長によれば、インドは「多目的な役割を果たすためにこの施設を使う選択肢を残している」ので、IAEAに保障措置を申請する予定はないという。[87] 目的としては輸入した民生用発電炉のための低濃縮ウランに加え、原子力潜水艦及び核兵器用のHEUの生産が含まれている可能性がある。

パキスタン：核の闇市場への転換

パキスタンはウラン濃縮とプルトニウム分離の両方を追求する計画で、1972年１月に核兵器開発プログラムを開始した。プログラムは1974年５月のインドの最初の核実験後、さらに緊急性の高いものとなった。しかしパキスタンの技術基盤は非常に低いためにその進展は限られていた。ただ、中国が核分裂性物

質を提供し技術支援を行っていた。またパキスタンは、核分裂性物質の生産プログラムのために必要な主要な技術及び部品を、他国の商用部品供給業者からの密輸入に大きく依存してきた。

1974年、パキスタンはガス遠心分離プログラムの研究を始めた[88]。それは不法に取得した遠心分離機の設計情報と部品、そしてパキスタンの冶金学者A・Q・カーン（A. Q. Khan）が組織した専門家の援助によって進展することができた。カーンはウラン濃縮会社ウレンコ（URENCO）のオランダ支店向けの供給業者に雇われたことでオランダとドイツの遠心分離機のデザインに関する技術情報にアクセスすることができた[89]。

1982年、報道によればパキスタンはウランを兵器級にまで濃縮したとされる[90]。その成功は1970年代に、遠心分離プログラムのための主要な部品と材料を、ドイツ、スイス、オランダ、英国、フランス、米国、そしておそらく他の国の商用部品供給業者から大規模に購入することで可能となった[91]。真空ポンプやバルブ、六フッ化ウラン製造用装置（転換と精製、ガス化、固化を含む）、遠心分離機のローター及び部品用の高強度アルミニウム及び鋼鉄、そして遠心分離機のモーター用の高周波コンバーター等が輸入されていた。パキスタンはまた技術的な問題について進んで相談に乗ってくれたヨーロッパの遠心分離の専門家たちを頼った。さらに、A・Q・カーンによると、パキスタンは、中国から50キログラムの兵器級HEUと核兵器のデザインを受け取ったとされる[92]。

パキスタンのHEU保有量の推定値には大きな不確かさがある。なぜならパキスタンの遠心分離プラントの稼働履歴と濃縮能力の両方について、信頼できる情報が不足しているからである。2012年末時点で、中央推定値では、パキスタンは約3,000キログラムのHEUを生産し、1998年の核実験で、このうち最大で100キログラムを使用したとされる。

パキスタンはまたプルトニウム分離のための施設、技術、装置を取得するために海外に目を向けた[93]。1967年、パキスタンは英国原子力公社から、イスラマバードのパキスタン核科学技術研究所（PINSTECH）に設置する実験的な再処理施設のためのデザインを入手した。そこにはすでに1963年に、Atoms for Peaceプログラムの下で、米国から提供されたHEUを燃料とする5メガワット（5,000kW）の研究炉が建設されていた[94]。

実験施設が1971年に完成した後、パキスタンはより大型の再処理パイロット・プラントを求めた。英国が提供を拒否したとき、パキスタンはベルギーのベルゴニュークレア社（Belgonucléaire）を、次いでフランスのサンゴバン社（Saint-Gobain Techniques Nouvelles: SGN）を頼った。両社はPINSTECHに近いサイトに再処理パイロット・プラントを共同で供給し、それは「ニュー・ラボ」として知られるようになった。[95] プラントは1982年に完成したが、約20年もの間、稼働していない可能性がある。なぜならパキスタンは保障措置の対象外のプルトニウム生産炉をまだ保有していなかったからである。ニュー・ラボの2基目の再処理プラントは最初のプラントと同程度のサイズとみられ、2006年に完成した。[96]

　パキスタンは、年間100トンを処理できる、大型の再処理プラント輸入契約を1974年にSGNと結んだ。しかし1978年に米国の圧力でフランスがその契約をキャンセルすることになった。しかしキャンセル前に、重要なデザイン情報といくつかの技術が渡っており、いくつかのインフラ施設は建設が始まっていた。[97] そのサイトでの作業は少なくとも2000～2002年までは再開されていなかったが、現時点でもプラントが稼働しているという証拠はない。[98]

　パキスタンの最初のプルトニウム生産炉であるクシャブ（Khushab）Ⅰの取り組みが始まったのは1980年代の初めであり、1998年に運転を始めた。[99] それは熱出力が約40～50 MWtの重水減速・天然ウラン燃料炉で、[100] 年間約10キログラムのプルトニウムを生産可能である。中国がその建設を援助したとみられる。[101] パキスタンは独自にクシャブ炉のコピーを建設してきたとみられ、2013年時点で、クシャブⅠ及びⅡは稼働しており、クシャブⅢは完成に近づき、Ⅳは建設中である。

　クシャブⅠ及びⅡの使用済み燃料はラワルピンディ（Rawalpindi）近くの2つのニュー・ラボ再処理施設で再処理されたが、両方で年間20～40トンの照射ウランを再処理する能力があると見積もられている。[102] これは毎年16～32キログラムの兵器用プルトニウムの分離率に相当する。報道によれば2000年初めに米国が収集した空気のサンプルから再処理工場が稼働していることを示すクリプトン85の痕跡が見つかった。[103]

　2012年末時点で、パキスタンは累積で150±50キログラムの兵器用プルトニ

ウムを生産したとみられる。クシャブIII及びIVが運転を開始するとパキスタンの兵器用プルトニウムの生産率は少なくとも倍になるだろう。パキスタンにはまだ民生用のプルトニウム分離プログラムはない。

北朝鮮：核交渉の切り札？

朝鮮戦争（1950～1953年）の間、米国から公然と核兵器使用の脅しを受けていた北朝鮮は、朝鮮戦争の直後に自国の核プログラムの開発を始めた。[104] 中国と同様に、北朝鮮は科学者・技術者たちを訓練のためにソ連に派遣し、1基の研究炉をソ連から取得した。北朝鮮はヨンビョン（Yongbyon）に1基の小型プルトニウム生産炉を建設し、1986年から運転を始めた。熱出力25 MWtの黒鉛減速・二酸化炭素冷却・天然ウラン燃料炉のデザインは、1950年代にデザインが公表された英国の「マグノックス」炉をベースにしたとみられる。

北朝鮮の原子炉は、1986年から1994年まで稼働し、その後、2基の軽水炉と引き換えに北朝鮮の核開発プログラムを解体させるという米国との「枠組み合意」の下で閉鎖された。この合意の一環として北朝鮮はヨンビョン炉の運転を中断し、関連する再処理プラントの建設を中止し、大型のプルトニウム生産炉2基の開発を停止した。北朝鮮がHEU生産の秘密プログラムを保有していることを米国が非難した直後の2002年、この合意は崩壊した。北朝鮮はNPT加盟国としては初めて、2003年1月にNPT脱退を宣言し、核兵器の開発を進めていること、ヨンビョン炉の運転を再開し、以前取り出していた使用済み燃料の再処理を開始したことを、世界に表明した。

六カ国協議として知られるようになった協議の中で北朝鮮は、米国、韓国、日本、中国、ロシアと核兵器開発プログラムを元に戻すステップに関する交渉を行った。交渉の結果、2007年に、ヨンビョン炉を含む主要な施設を早期に無能力化する等の計画に合意するに至った。この計画の一環として、原子炉の冷却塔が取り壊された。またこの計画の一環として、2008年6月に北朝鮮は中国に、北朝鮮がどの程度のプルトニウムを分離したかを公表し——31キログラム、あるいは37キログラムと様々に報道されている——そして過去の運転記録を提供した。[105] この値はおおむね、研究者たちによる独自のプルトニウム生産量推定値と一致する。[106] しかし、その後、炉心から黒鉛のサンプルを取り出して公

表値の正確さを検証するという米国の提案をめぐり、この合意は決裂した。[107]

　無能力化の合意は2009年に崩壊し、北朝鮮はヨンビョンの残っている使用済み燃料を再処理すると発表した。北朝鮮はこの燃料から新たに10キログラム程のプルトニウムを分離した。[108]このことから2012年時点で北朝鮮は30～40キログラムの兵器級プルトニウムを保有していた可能性がある。[109]北朝鮮は2013年の後半にはヨンビョン炉を再稼働させたとみられる。

　また北朝鮮はパキスタンの援助で遠心分離によるウラン濃縮を追求した。[110]2002年11月に機密解除された、米中央情報局（CIA）評価書は「北朝鮮は、フル稼働をすれば年間2個かそれ以上の核兵器用の兵器級ウランを十分生産可能とみられるプラントを建設中であり――早ければ5年程度で稼働可能となる可能性がある」と述べている。[111]2010年、北朝鮮はヨンビョン・サイトの2,000体とみられる遠心分離機が備わったウラン濃縮プラントを公開した。[112]このプラントは2009年4月のIAEA査察後に建設された。濃縮プラントは同じサイトに建設中の軽水炉用LEUを生産するためのものだと北朝鮮は主張した。しかし北朝鮮はさらに、秘密の濃縮プラント、あるいは兵器用HEUの生産に利用可能なプラントを保有している可能性がある。

南アフリカ：国際社会の一員になる

　1960年代の初め、南アフリカの少数派白人政府は、斬新だが低効率の濃縮技術に基づいた核濃縮能力を開発した。1980年代、ソ連によって隣国のアンゴラに流れ込んだキューバ陸軍部隊からの脅威にさらされて、南アフリカは簡単な砲身型のデザインをベースにした7個のHEU核兵器からなる核戦力を構築した。1990年代の初めに、南アフリカは権力を多数派黒人政府に移行する準備の中で、保有する核兵器とその関連生産施設を解体し、非核兵器国としてNPTに加盟した。これは核兵器を開発した国が、政治的な事情の変化の結果、それを自主的に撤廃した、これまでに唯一の例である。[113]

　南アフリカの核の歴史は、米国の核兵器開発プログラムのためにウランを取得する英国と米国の取り組みの一環として、1940年代中頃に始まった。大量の低品質ウランが既存の金鉱ですぐに発見された。南アフリカは1961年にプレトリア（Pretoria）近くのペリンダバ（Pelindaba）サイトで核研究開発プログラム

を開始した。Atoms for Peaceプログラムの一環として、米国はサファリ（Safari）I研究炉の建設を支援し、そのHEU燃料を提供した。サファリIは1965年に稼働し、2013年時点でも運転を継続しているが、LEU燃料へと転換されている。[114]

南アフリカはプルトニウム生産とウラン濃縮の両方を検討したが、1969年にウラン濃縮プログラムを開始した。[115]このプログラムはジェット・ノズル法（Helikon aerodynamic vortex tube）あるいは「静止壁遠心分離法」として知られる、気体流体力学的分離工程を利用した。[116]この方法はペリンダバ・サイトで、高濃縮ウラン生産用のパイロットプラント（Yプラント）に使用され、後に商業用発電炉の低濃縮ウランを生産するために、同じサイトにあるずっと大型の「準商業用」プラント（Zプラント）で使用された。[117]

後に南アフリカの核兵器開発プログラムを支えることになるYプラントの建設は1971年に始まり、ウラン235が80パーセントに濃縮された最初のHEUは1978年1月に利用できるようになった。[118]濃縮プログラムの大義名分には、米国の燃料供給が終了した後のサファリI研究炉用の45パーセント濃縮ウランの生産が含まれていた。[119]しかし南アフリカはNPTに加盟することを拒んでいたので、プログラムが軍事目的ではないかとの疑念があった。

プロジェクトに加わっていた南アフリカの当局者たちは、プログラムの初期の目的は1960年代及び1970年代に米国とソ連が核兵器研究所で推進してきた「平和的な核爆発」のための技術を開発するためだと主張した。南アフリカは1977年にカラハリ砂漠で「コールド核実験」のためのテスト用立て坑の準備を始めた。[120]このテスト準備はソ連によって探知され、米国に伝えられた。[121]外交圧力の下で南アフリカはこの取り組みを放棄した。

南アフリカで最初に完成した核兵器は、推定約10キロトンの爆発力を備えた高濃縮ウランの砲身型デザインで、1982年12月に準備が整い、以降、毎年約1個の弾頭が核戦力に加えられた。[122]1985年、P・W・ボータ（P. W. Botha）大統領は南アフリカの核戦力を計7個の爆弾に限定するよう命令した。核兵器開発プログラムの科学者たちは、インプロージョン（爆縮）やブースト（増幅）のデザインを含む、さらに進んだ兵器の限定的な研究を続けた。

1990年、F・W・デクラーク（F. W. de Klerk）は大統領に就任するとすぐに、

核兵器開発プログラムの終了を命令した。核兵器の解体、HEUの回収、極秘文書の破棄の後、南アフリカは1991年にNPTに加盟し、その年の後半にIAEAとの間で包括的保障措置協定に調印した。1993年3月、デクラーク大統領は南アフリカが核兵器を保有していたことを初めて公にした。[123][124]

1978年から1990年までに南アフリカが生産したHEUはIAEAの保障措置の下に置かれたが、総量は公表されなかった。南アフリカの核戦力だった7個の砲身型爆弾のコアをつくるためには最少でも約400～450キログラムが必要と推定されたが、680～790キログラム程度との推定もある。その後、このHEUの大部分は民生用として消費されてきた。[125][126][127]

IAEAは「初期の保管量が不完全であるか、あるいは核兵器開発プログラムが完全には終了せずに解体されたことを示す証拠がない」ことを確信するのに数年かかった。南アフリカの事例は核軍縮の国際検証のための前例となった。しかし、その作業は、元々数百あるいは数千の核兵器を保有していた国々に対しては非常に困難だろう。[128]

第3章　核兵器用の核分裂性物質生産の歴史

第 4 章

世界の核分裂性物質保有量

　70年間、軍事用と民生用の両方の開発プログラムのために核分裂性物質を大量生産してきた結果、世界には膨大な量の高濃縮ウラン（HEU）とプルトニウムが残された。2014年末時点で、保有量は合わせて約1,875トンとなり、その4分の3がHEUで、残りはプルトニウムであった。

　2013年時点で、HEUのほとんどすべてとプルトニウムの約半分は兵器用に生産されたものだった。いくつかの核保有国はさらに海軍推進炉及び研究炉の燃料としてHEUを生産した。1970年代から、いくつかの非核保有国もまた民生用原子力プログラムの一環として、プルトニウム分離とウラン濃縮の能力を取得した。この章は現在の、あるいは将来の用途によって定められている様々なカテゴリーごとの核分裂性物質の量に焦点をあてて、世界のHEUと分離プルトニウムの概観を示す。高濃縮ウランとプルトニウムの2014年末時点での国別保有量はこの章の付録に示されている。

　第3章で記述したように、この生産の履歴は、時として軍事用核開発プログラムを取り巻く秘密のために、よくわかっていない。このため保有量には大きな不確かさがある国もある。核戦力の大幅な削減及び核兵器の最終的な廃絶の交渉と検証に不可欠な情報を提供するためには、すべての核保有国が透明性を高める必要がある。

　2006年、英国政府は次のように述べた。「もし核軍縮が達成されるならば、防衛目的で取得した核分裂性物質に関する透明性が求められる。なぜなら核軍縮を達成することは、公表された防衛用の核分裂性物質保有量の信頼性、すなわち保有量と過去の取得量・使用量との数値が合うことの信頼性、にかかっているからである。」[1]

米国は1994年に、自国のHEUの生産及び使用履歴の公式発表を正当化するために、英国とは異なるが、やはり重要な一連の理由を説明した。それは次のように始まる。

> アメリカ国民はウランの適正な管理と最終処分に関する現在の議論にとって重要な情報を提供されるだろう……その公表はウラン貯蔵の安全性とセキュリティに関連した問題について開かれた議論を進めることを支援することになるだろう。そのデータは国立研究所で環境、健康そして安全条件を監視する取締者にとっていくらかの手助けとなり、[さらに]国際原子力機関の保障措置を実行しやすくすることから、核不拡散上も価値を持つだろう。[2]

独立系のアナリストたちもまた核の透明性と、それが様々な軍備管理の背景で果たし得る役割を強調する。それにはNPTの非核兵器国だけが自国の保有している核物質の報告と国際原子力機関による検証を法律的に求められるという核不拡散体制の差別的な性格を減らすことが含まれている。[3]

これらの懸念事項は、2010年の核不拡散条約再検討会議で合意された「核軍縮に関するアクションプラン」で確認された。その会議は「核軍縮及び核兵器のない世界の平和と安全保障を達成するには公開性と協力、そして……透明性の増大と効果的な検証を通じて信頼性を高めることが必要である」ことを確認した。[4]

総合すれば、これらの理由は、すべて核保有国が自国の核分裂性物質保有量をもっと透明にするよう強く要請している。

1998年に制定されたプルトニウム管理に対する指針（ガイドライン）は限定的ではあるが透明性に関する合意を確立した。このガイドライン（IAEAがINFCIRC/549として公にした）[5]の下で、米国、英国、中国、フランス、ロシアは4つの非核保有国（ベルギー、ドイツ、日本、スイス）とともに、自国の民生用プルトニウム保有量の公式な年次報告を国際原子力機関に行っている。2001年からフランスと英国も自国の民生用HEUの保有量を公表している。

高濃縮ウラン

世界の高濃縮ウラン保有量は2014年末時点で1,370±125トンであり、それは

■ 図4.1

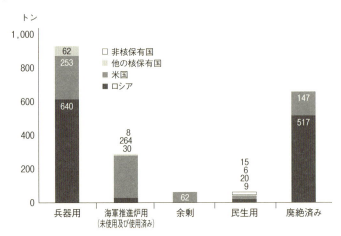

2014年末時点における、カテゴリー別の世界の高濃縮ウラン保有量。軍事用のHEU在庫量は、公式な公表に基づく米国と英国の保管量を除いて、IPFMの推定である。世界の軍事用HEUの不確実性は±100トン程度である。図に示されている様々なカテゴリーは本文中で論じられる。

簡単な第一世代の爆縮型兵器（訳注：長崎型原爆。爆縮型はHEUに対しても有効である）を5万発以上つくるのに十分な量である。HEUの約98パーセントは核保有国が保有しており、ロシアと米国が群を抜いて大量に保有している（図4.1及びこの章の付録を参照）。結果として、ほとんどのHEUはIAEAの保障措置の対象外である。2013年には、インド、パキスタン、ロシアそしておそらく北朝鮮だけがHEUを生産しているとみられていた。しかしこれらの生産プログラムは、冷戦時代のソ連と米国のプログラムに比べれば比較的規模の小さいものであった。そしてロシアと米国は冷戦の終結から過剰な約660トンのHEUを共に希釈したので、世界のHEU保有量はその冷戦時代のピークからかなり減少した。

兵器に利用できるHEU

　兵器に利用できるHEU保管量の見積もりは955±100トンだった。そこには兵器用には過剰と公表されるべき特別なHEUが大量にあるようだ。保有核兵器にはおよそ1万5350発の核弾頭が存在する（2016年6月）。もしそれぞれの核

弾頭に平均して25キログラムのHEUが含まれているとすると、世界中の核弾頭と予備部品の中にあるのは約500トンである。つまり明確な使用目的が全くない400トンを超えるHEUが核兵器複合施設に残されていることになる。この使用目的のないHEUは兵器用には過剰として公表されるかもしれない。米国はテネシー州オークリッジのY-12サイトの専用施設に大量のウラン部品（セカンダリー：二次爆発装置）を保管している（図4.2）。

■図4.2

テネシー州オークリッジのY-12サイトにある米国HEU材料施設（HEUMF）。この施設は特別にデザインされた収納棚に1万2000個のドラム缶及び1万2000個の缶容器の物質を貯蔵する能力があり、高濃縮ウランを400トンまで収納することができる。
出典：B&W Y-12.

海軍推進炉のHEU

5つのNPT核兵器国とインドは原子力推進の軍用水上艦艇及び潜水艦を運用している。米国、ロシア、英国、インドはこの目的のために高濃縮ウランを使用している（詳述は第7章を参照）。米国と英国は海軍推進炉燃料として兵器級ウランを使用している。ロシアは様々な濃縮度のHEUを使用しているが、その燃料は一般的には兵器級ではない。インドは30〜45パーセントに濃縮した燃料を使用していると報道されている。フランスは低濃縮ウランの潜水艦燃料に移行し、中国もまた原子力推進艦にLEUを使っているとみられている。

　海軍推進炉のHEU使用で、このカテゴリーは約162トン（2014年末）という大きな在庫量となっている。米国は兵器用には過剰であると公表した、海軍仕様を満たす兵器級ウランのほぼ全体を将来の海軍推進炉燃料として使用するために確保している。例えば米国は2005年に、新たに200トンのHEUが核兵器用には過剰であることを公表したが、そのうち152トンを将来の海軍推進炉燃料として蓄えている。同様に、英国も、もはや核兵器用には必要でなくなったHEUを将来の海軍推進炉燃料として蓄積すると述べた。ロシアもまたHEUを自国の海軍の原子力艦隊の燃料として使用しているが、この目的のために蓄えている在庫量があるとは公式には認めていない。必要に応じてHEUを割り当てているだけなのかもしれない。

原理的には海軍推進炉用に保有しているHEUはIAEAの保障措置の対象とすることができる——少なくともそれらが燃料として製造される前段階までは可能である。次のHEUの燃料製造工程及びその後の原子炉への装填は、海軍推進炉燃料と原子炉のデザインがしばしば機微なものと考えられているので、困難になるだろう。さらに海軍用の蓄えとして割り当てられたHEUの一部は、核兵器の部品と同様、いまもなお過去の使用に関連した機密形態になっているかもしれない。これらの困難な事態は将来の軍事用核分裂性物質カットオフ条約（FMCT）の検証の関連でも生じてくるだろう。これらについては第8章で論じられる。

　海軍推進炉用HEUの蓄積量を最小にする最も直接的なアプローチは、海軍推進炉燃料でのHEUの使用を完全に終わらせることだろう。これは第7章でさらに詳細に論じられる。しかし米国、ロシア、英国の次世代の海軍艦はすでにHEUを燃料にするものとしてデザインされており、米国及び英国の海軍艦は長寿命炉心を装備している。

　今後数十年、海軍の原子力推進艦の利用は普及するかもしれない。ブラジルは潜水艦用の原子炉を実際に開発している最初の非核保有国である。[7]このような傾向があるため、高性能のLEU燃料をこれに利用できるようにすることが重要になっている。

海軍推進炉の使用済みHEU燃料

　使用済みの海軍推進炉燃料のウランは、元々兵器級であり、依然としてウラン235が高濃縮状態にあり、そのためHEUであり続け、世界の保有量の中で大きな割合を占めている。[8]米国とロシアは原子力潜水艦及び空母の艦隊に最大量のHEUを使用してきた。しかしロシアは、残っているHEUを回収してさらに利用するために、その使用済みの海軍推進炉燃料のほとんどを再処理しているので、2013年時点で広大な貯蔵庫に残っているのはほんのわずかである（10トン程度）。[9]米国は1992年に海軍推進炉燃料の再処理を中止した。2012年時点でアイダホ国立研究所の使用済み海軍推進炉燃料中に約30トンの高濃縮ウランが保持されている。[10]現在の計画は、今後再処理をすることなく、このHEUを地層処分することになっている。英国もまた使用済み海軍推進炉燃料を貯蔵して

いる。このカテゴリーの量は増え続けるので、それらを安全に、理想的には国際的な監視下で、貯蔵し管理する戦略を見つけ出さなくてはならないだろう。

民生用HEU

世界の民生用HEUは約60トンに達し、その保有量は米国、ロシア、及び他のすべての国にほぼ3分される（訳注：2014年末時点で計約50トン。米国20トン、ロシア9トン、他の国21トンと変化）。これらの推定は困難である。なぜなら核保有国では民生用と非民生用の区別は必ずしも明確ではなく、非核保有国がIAEAに行うHEU保管量の報告は秘密情報とみなされ、公表されていないからである。[11]

研究試験炉燃料低濃縮化（Reduced Enrichment for Research and Test Reactor: RERTR）プログラムの制定に続いて、民生用の核燃料サイクルではHEUの使用を段階的に廃止する国際的な取り組みが1970年代後半から続けられており、2001年からは強化された。[12] これらは第7章でさらに詳細に論じられる。これらの活動は、いまでは米国の全世界脅威削減イニシアティブ（Global Threat Reduction Initiative：GTRI）が先頭に立っているが、研究炉を低濃縮型に転換し、未照射及び使用済みHEU燃料をロシアと米国に送還することに重点を置いている。使用済み燃料は最終処分を待つ間そこで貯蔵され、あるいは回収されたHEUで再加工されてLEUに希釈される。ほとんどの場合、炉型の転換は技術的な理由と政治的な理由で遅れている。その問題が強調されたことで、民生用の核燃料サイクルでのHEUの使用は、ほとんどが2025年までに徐々に廃止されるだろう。[13]

余剰HEU

1990年代から、いくつかの核保有国は、かなりの量のHEUが保有核兵器あるいはすべての軍事用には過剰であると公表してきた。中でも注目すべきは、過剰となった500トンのロシアの核兵器級HEUを2013年までにLEUに希釈する、1993年のロシアと米国の間の画期的な合意である。[14] この一部として1994年に米国は、174トンのHEUがすべての軍事目的には過剰であると公表し、2005年にはさらに200トンのHEUが核兵器用には過剰であると公表した。米国が公

表したほぼすべてのHEU、それは兵器級——すなわち、ウラン235を90パーセント以上含んでいた——は将来の海軍推進炉燃料として使用するために確保されていた。現在のところ、この海軍の保有量について透明性措置を導入する計画は全くない。海軍の仕様に合致しない米国の余剰HEUは希釈される予定か、あるいは直接処分されることになる。

2013年末時点で、ロシアは500トンすべてを希釈したが、それは元々の米ロ合意の一部である。[15] 希釈することが明言されている残りのHEU（約60トン）は米国のHEUで、今後数十年間にすべてが希釈されるとは限らない。[16]

廃絶されたHEU

2013年末までに約660トンのHEUが廃絶された。これは冷戦終結後に保有していたHEUの約3分の1に相当する。過剰と公表された特別なHEUでこれまでに廃絶された、あるいは今後廃絶予定の量は720トンに達する。原理上は、とりわけ海軍推進艦がHEU燃料から転換すれば、世界のHEU保有量は大いに減らすことができるだろう。例えば、世界の核弾頭4,000発の維持に必要なHEUはわずか約100トンだろう。もし核保有国がそのレベルまで核戦力を削減すれば、2013年時点の世界の保有量の90パーセント以上が最終的に廃絶されるだろう。発電炉燃料に利用するためにHEUを低濃縮ウランに希釈することには経済的価値がある。したがってほとんど必要性がないと思われる「核分裂性物質の保険」としてHEUを維持するよりも、過剰な在庫量を処分することが奨励される。

分離プルトニウム

世界の分離プルトニウム保有量は2014年時点で約505±10トンであった。このおよそ半分は核兵器用に生産され、残りの半分は民生用の再処理プログラムで使用済みの発電炉燃料から分離された（図4.3）。インド、パキスタン、そしておそらくイスラエルと北朝鮮だけが兵器用にプルトニウム生産を続けている。冷戦の終結後から、プルトニウムの処分についてはほとんど進展がない。2007年までにロシアと米国の余剰兵器用プルトニウムを原子炉燃料中で照射して処分を開始する計画だったが、遅れている。

■ 図4.3

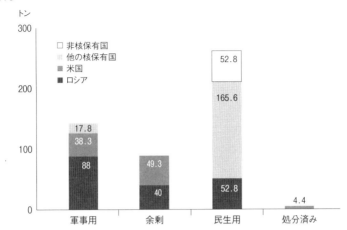

2014年末時点における、カテゴリー別の世界の分離プルトニウム保有量。軍事用のプルトニウム在庫量は、公式な公表に基づく米国と英国の保管量を除いて、IPFMの推定である。民生用の分離プルトニウムは入手可能なINFCIRC/549公表から採っている。世界の軍事用の分離プルトニウム保有量の不確実性は±10トン程度である。図に示されている様々なカテゴリーは本文中で論じられる。

兵器に利用できるプルトニウム

　2014年時点で、兵器に利用できるプルトニウムはほぼ144トンが残されていた。世界には1万発の核弾頭（解体待ちの弾頭及び貯蔵されているプルトニウム部品、つまり「ピット」を除く）の保管量があり、弾頭あたり平均5キログラムを含んでいる（それは大量の通常在庫量を計量するのに十分である）ことから、核兵器用に必要なプルトニウムはわずか50トンだろう。その結果、すでに兵器用には過剰と公表されたものに加え、新たに約85トンのプルトニウムも過剰と公表することができるかもしれない。海軍推進炉燃料として使用されるHEUと違って、プルトニウムには他の軍事的利用がないので、このプルトニウムもまた、いかなる軍事用にも過剰と公表することができるだろうし、IAEAの監視下に置かれるだろう。

その他のプルトニウム

　ロシアとインドが保有する約10トンのプルトニウムは分類が困難である。兵

器用の生産を公式に終了した1994年9月以降、ロシアはシベリアの2つの地方都市（訳注：トムスクとクラスノヤルスク）に地域暖房と電力を供給する3カ所のプルトニウム生産炉で兵器級プルトニウムの生産を続けた。1994年から2010年までに生産されたと推定される15トンのうち、9トンだけが余剰兵器用プルトニウムの処分に関する2000年のロ米合意の対象とされた。残りの6トンは酸化物の形態で貯蔵され、兵器に利用されないことを保証する二国間の透明性措置の下に置かれている。しかしロシアはこのプルトニウムを、公表している民生用の保有量に含めてはいない。

　インドもまた分類しにくいプルトニウムの在庫を保有している。2008年の米印原子力協定の下で、インドはIAEAの保障措置の対象外で、使用済み重水発電炉燃料からの分離プルトニウムを増やし続け（2012年時点で約5トン）、このプルトニウムを「戦略的」と分類している。インドはこのプルトニウムを、計画している一連の増殖炉（これも国際的な保障措置の対象外として所有される）の起動燃料として使う予定である。原理的には、これらの増殖炉の炉心を取り囲む天然ウランの「ブラケット」を用いて、この燃料級プルトニウム（プルトニウム239が約70パーセント）を同量の兵器級プルトニウム（プルトニウム239が90パーセント超）に転換することができる。[17]

　ロシアとインドのこれらの核分裂性物質は明確に軍事用でも民生用でもないので、核分裂性物質の在庫量及び利用に関連した不確実性を不必要に増大させる。この曖昧さを解決するために、ロシアとインドはこれらが核兵器用には過剰であることを宣言し、国際的な保障措置の対象とすることが可能である。

余剰兵器用プルトニウム

　冷戦後の米国とロシアの核戦力の削減に続いて、3カ国が合計90トン以上のプルトニウムが過剰であることを公表した。それらは米国（53.7トン）[18]、ロシア（34トン）、そして英国（4.4トン）である。フランスはその核兵器保有量を冷戦終結から約50パーセント縮小させた。しかしこれまで軍事用に過剰なプルトニウムを全く公表していない。

　プルトニウム処分には複数の実現可能な選択肢がある。原子炉燃料として使用できるし、あるいは廃棄物として直接処分することができる。いずれにして

も処分は困難で高くつき、1990年代から進展はほとんどみられない。利用可能な選択肢と継続されている取り組みの詳細は第9章で論じられる。

民生用プルトニウム

使用済み燃料からプルトニウムを分離すること、そしてこの核分裂性物質を利用するために蓄積することは、民生用原子力から最も深刻な安全保障リスクを生み出す。2014年末時点の世界の民生用プルトニウムは約271トン——3万3000発のプルトニウム核爆弾を製造するのに十分な量——だった。英国、フランス、ロシア、日本が、民生用プルトニウム在庫の最大の保有国であり、合わせるとこの保管量の90パーセント超を占めた。日本の保有量の多くは、日本の使用済み燃料を分離したフランスと英国が保持している。ドイツは再処理のために外国に使用済み燃料を搬送していたのを2005年に中止してから、分離プルトニウム保有量を首尾よく縮小してきた。しかし、もし中国、インド、日本、ロシアが計画している大規模な再処理プログラムを進めれば、民生用プルトニウムは増加する。日本の再処理プログラムの将来は福島で起きた2011年3月の原子力発電所の事故によって不明確となっている（訳注：2016年10月現在3基運転中、政府の計画では2030年までに原発のシェアを20〜22％にすることになっているが、再稼働の見通しは不透明のままである）。

保有量の不確実性を減らす：核の透明性に向けて

世界の核分裂性物質保有量の不確実性は大きい。それらを合わせると数千発の核弾頭と等価になる。核戦力が減少するにつれ、これらの不確実性は将来の削減にとって障害となり得る。ロシアのHEUとプルトニウムの保有量の誤差範囲は最も大きい。しかし、フランスと中国の推定値における20〜30パーセントの不確実性もまた大きい。新たな情報が公開されなければ、第3章で述べたような、独立した推定値の改善は難しい。

何年にもわたって集積した機密情報を基にして、他の核保有国の核分裂性物質保有量をより正しく推定している政府があるかもしれない。例えば、大気中のクリプトン85の局所的かつ地球全体の濃度から、プルトニウムの現在の生産量と累積生産量を見積もることができる。米国そしておそらく他の国々も冷戦

の間、このデータを継続して集積し解析した。

　国の核分裂性物質保管量の不確実性を、核戦力の大幅な削減を後押しし、容易にするのに必要とみられるレベルまで減らすには、公開性を高めることと、二国間あるいは多国間の協同検証が必要となる。その作業はとても困難なものとなるだろう。どの核兵器開発プログラムも最初は秘密に包まれている。しかし時間が経つにつれて透明性は高まってきた。とくに冷戦終結後はそうである。核の透明性は主に、核戦力のサイズに重点が置かれ、5つのすべてのNPT核兵器国（米国、ロシア、英国、フランス、中国）は自国が保有する核兵器のある局面について公式な声明を出してきた。

　NPTの締約国となっている核兵器国が核兵器用の核分裂性物質の生産を終了したので、これらの国々が核分裂性物質の在庫量を公表することは、まだ公表を済ませていない国がある中で、さらに透明性を高めるための次のステップとしてとくに重要になるだろう。[19]その公表は後に、さらに透明性を高めるステップのための「基準となる公表」として機能し得る。核保有国はたとえこの情報をすぐに公表しなくとも、そのためにデータの蓄積を始めるべきである。時間が経てば公表の準備をすることが困難になることは経験が示している。生産記録が破棄され、あるいは解釈するのがさらに難しくなるからであり、そしてこれらの核開発プログラムに積極的に関与していた専門家が退職するからである。[20]

　核分裂性物質の公表については重要な前例がいくつか存在する。第3章で述べたように、米国は自国のHEUとプルトニウムの保有履歴を詳細に公表した。それらは年ごと、サイトごとの生産量を含んでいる。そして米国はこれらの公表値を更新し、年月をかけて精度を向上させた。英国は軍事用核分裂性物質の全在庫量を公表したが、生産履歴についてはほとんど情報を提供していない。ロシア、フランス、そして中国は自国の軍事用核分裂性物質の在庫量に関する、いかなる情報も公にしていない。しかし前に述べたように、NPT核兵器国は自国の民生用プルトニウムの在庫量を毎年、IAEAを通して公式に公表している。英国とフランスはまた民生用のHEU在庫量を公表している。

　これらの前例を足がかりにすれば、すべての核保有国は自国のHEUとプルトニウムの確実な保有量を公表し、毎年の更新を約束することができる。核保

有国はまた自国の目的別（核兵器、海軍推進炉燃料、民生用使用）の在庫の概要を提供することも可能だろう。このような公表は公開性と検証可能な軍縮プロセスを約束する核保有国の信頼性を高くするだろう。

現存する核弾頭及び核分裂性物質の保有量を大幅に削減するには、信頼性を醸成し、検証を容易にするためのきめの細かい公表が依然として必要である。これらには年ごとの、施設ごとのHEUとプルトニウムの生産履歴に関する詳細なデータが含まれる。理想的には、現存及びかつての生産施設の基本的なデザイン情報が含まれるだろう。

ここで提案されているような、核の透明性の措置を実行する経済的コストは、核保有国が自国の核兵器及び核分裂性物質の施設群及び従来型施設を管理するのにすでに支払った対価に比べて高くはなりそうにない。例えば、フランスはマルクールの3つのプルトニウム生産炉を解体するのに5億ユーロを、それと関連する核兵器用のプルトニウムを分離するUP1再処理プラントを解体するのに約50億ユーロを支出することを公約している。[21]

しかし、透明性を高めていくことは政治的には困難な課題である。中国、インド、イスラエル、北朝鮮、パキスタンは昔から自国の核兵器及び核分裂性物質の在庫量を不透明にしておく政策を維持してきた。また、ロシアはソ連の崩壊に続く比較的、情報が公開された10年の後、核問題に対しては高度の秘密主義に逆戻りした。これらの国々の透明性は他の核保有国よりもさらにゆっくりとしか高まらないだろう。信頼性を構築する手段として、透明性の措置は一歩一歩実行されるべきかもしれない。公表することで、各国は自国の核兵器プログラムに関する透明性をこれ以上高める約束をしないだろうし、自国の核戦力に対する制約も受け入れないだろう。

過去の核分裂性物質の生産の検証

単独の、自発的な透明性を高めるステップはどのようなものであっても重要であり、かつ歓迎される。そして長期的には、核保有国が公表する核分裂性物質は正確であり確実であるという信頼性を増すには協調的なアプローチが必要とされるだろう。最終的には、公表した生産施設で国際的な、多国間の、あるいは二国間のチームによる現地査察が不可欠になりそうである。

■図4.4

1994年、核考古学技術をテストする初期の取り組みで、ハンフォードC原子炉から黒鉛のサンプルを採取する作業者たち。本格的な作業は後に、ウェールズの英国マグノックス炉でプルトニウムの全生産量を見積もるために行われた。照射された黒鉛のサンプルは米国、ロシア、フランスの原子炉で分析された。
出典：Jim Fuller及び米国エネルギー省。

核兵器国が一度、かつての生産サイトへのアクセス（立ち入り）をいつでもできるようにすると、「核考古学」という1つの特別なアプローチが利用できるようになる。それはプルトニウム生産とウラン濃縮の公表された履歴を独立にチェックするために、かつての生産サイトで構造材料あるいは廃棄物中の微量混入物を解析する核鑑識技術を使う。

実行できた重要な例としては、1992年と1998年の間に米国のパシフィック・ノースウェスト国立研究所が、黒鉛中の微量元素の鑑識解析から、黒鉛減速プルトニウム生産炉でのプルトニウムの累積生産量を見積もる技術的基礎を評価・開発する研究開発プログラムを実施したことである（図4.4）。米国、ロシア、英国、フランス、中国、北朝鮮は兵器用プルトニウムを生産するためにそのような炉（黒鉛減速炉）を使用している[22]。この方法で得られた推定値には数パーセントの不確かさがあるだろうが、当該国が提供した記録とはほとんど独立したものである。核考古学のアプローチは、核分裂性物質の生産に使用された他の種類の施設に対して必要であり、関連する廃棄物からの有益な鑑識情報を回収するためにも必要である。

キログラム単位の核分裂性物質を生産するにも、大量の物質と大規模な施設の稼働が必要であり、その事実自体が核考古学にとって有利な材料である。

しかし施設によっては、核考古学を利用できる機会が失われつつある。例えば、世界の高濃縮ウランのほとんどはガス拡散プラントで生産された。これらのプラントはすべて閉鎖され、廃止・解体されている。場合によっては、プラントの稼働履歴の証拠を保持しているかもしれない拡散障壁のような決定的な部品が埋められ、あるいは解体されて金属のリサイクルに回されている。米国

の兵器級ウランの生産に伴う劣化ウランもまた今では、さらにウラン235を抽出する処理がされているか、あるいは処分のための準備がされている。このことは、これらのプラントによってどのくらいのHEUが生産されたかを検証することを、たとえ不可能でないにしても、さらに困難にしている。

将来の核分裂性物質生産の公表を検証しやすくするために、核保有国は目録をつくり、運転記録と物質のサンプルを保存することを約束すべきである。廃止措置に直面している施設、処分や処理が計画されている廃棄物が優先されなければならない。核保有国はまた、検証方法と技術を学ぶ「サイト間相互作業」に加わるために、かつての生産施設を検証の試験台として提供し、同様の施設を持った相手国を招待することが可能である。

協同検証プロジェクトは信頼性を構築する効果的な手段となり、核軍縮プロセスを持続する支えとなり得る。削減の最初のステップでは、核兵器保有量の不確かさはあまり大きな懸念ではないだろう。しかし米国とロシアがより少ないレベルに移行し、他の核兵器国が多国間軍縮のステップに加わった時、公表した保有量の信頼性を得ることが決定的に重要となる。もし当事国の間で保有量の実際のサイズについて疑いや不信が続けば、それ以上の削減はもっと困難になる。

公表された核分裂性物質——とくに米国とロシアの物質——の検証は膨大な仕事になる。核保有国が行ったこれらの公表が正確で確実であるという相互信頼を得るには何年もかかる。したがって検証はできるだけ核戦力を大幅に削減するずっと前から始めるべきである。

■ 図4.5 (付録)

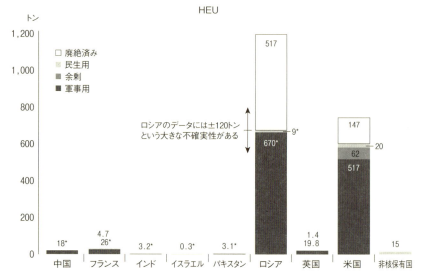

2014年末時点における国別のHEU在庫量。英国と米国の数値は公式な発表と声明に基づいている。フランスと英国の民生用HEUはIAEAへの公式報告に基づいている。アスタリスクのついた数値はIPFMの見積もりで、しばしば大きな不確実性がある。中国の在庫量の合計とフランスの軍事用保有量には20パーセントの不確実性が想定され、パキスタンについては約30パーセント、インドについては約40パーセントである。非核保有国 (NNW) のHEUはIAEAの保障措置の下に置かれている。

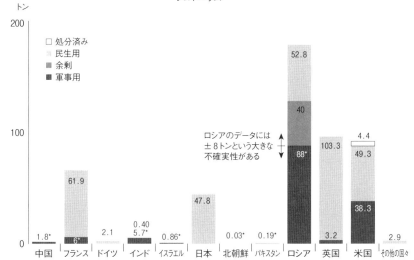

2014年末時点における国別のプルトニウムの在庫量。民生用はINFCIRC/549表明に基づいており、現在の所在地によってではなく、所有権によってリストされている。兵器用は、政府が公表した米国と英国を除いてIPFMの見積もりに基づいている。中国、フランス、インド、イスラエル、北朝鮮、パキスタン、ロシアの軍事用保有量の推定値の誤差は10〜30パーセント程度である。インドが使用済みの重水発電炉燃料から分離したプルトニウムは、インドによって「戦略的」として分類され、IAEAの保障措置の対象にはなっていない。ロシアは兵器用には利用しないことに同意したが過剰であるとは公表していない6トンの兵器級プルトニウムを保有している。2009年までに米国は4.4トンの余剰プルトニウムをニューメキシコ州の核廃棄物隔離試験プラントの地下に廃棄物として処分した。

第Ⅱ部

核兵器と原子力の関係を絶つ

第 5 章

核分裂性物質、原子力と核拡散問題

　原子力と核拡散の関係は複雑であり、徐々に変わってきた。しかし、非核保有国への核の専門知識・技術の大規模で持続的な普及の開始は、米国の1953年のAtoms for Peaceプログラムだった。Atoms for Peaceはまた、1957年の国際原子力機関（IAEA）の設立につながった。IAEAは核技術・物質の平和利用の推進と、同時に、それらが核兵器の製造に使われていないことを保証する「保障措置」によって監視するという2つの任務がある。このアプローチは結果的に、非核保有国が1970年の核不拡散条約に参加するのに不可欠な検証及び現代の不拡散体制の基礎となった。

　しかし原子力発電の普及もまた機微な濃縮技術と再処理技術の普及につながった。これはいくつかの非核保有国に核分裂性物質を生産する手段と、そしてその結果「潜在的な」拡散能力を与えた。その能力を保有することにより、国家は核兵器を製造すると決定すれば、すばやく製造することができる。IAEAの元事務局長のモハメド・エルバラダイ（Mohamed ElBaradei）の見方では、「1970年には、核兵器の取得方法を知っている国は比較的少数とみられていた。現在では35～40カ国が詳しい情報を持っていると推定されている。したがって現行の不拡散体制における安全保障の幅は安心するにはあまりに狭くなっている」。

　2013年時点で民生用の原子力の将来は不確かである。安全性、コスト、放射性廃棄物の処分、そして拡散の懸念にも対抗して、原子力への依存度を広げることは地球規模の気候変動の緩和に大きな寄与をするかもしれないという議論がある。原子力の規模が大きくなることは、その規模がどうであれ、この技術を持っている国が2013年時点の31カ国より増えることを意味する。将来の原子

力の相対的な重要性がどうであれ、民生用原子力と核兵器の間の障壁を最大にすることが決定的に重要である。たとえ小規模の原子力開発プログラムであっても核兵器を生み出す潜在的能力を与えることができるからである。

　原理的には、原子力のデザインに「拡散抵抗性」を持たせることで、核兵器の取得に悪用されるのをさらに困難にできる。もし国家にそのような動きがあれば国際的な早期の警告を出し、テロリストグループの核兵器取得の予防に役立つことができるだろう。そのためには、いくつかの核技術は国家によるコントロールをあきらめ、すべての国家に等しく適用される、国際的に合意された一連のルールによって規制される原子力の枠組みに移行することが必要だろう。

「平和のための原子力」(Atoms for Peace) と核技術の普及

　1945年、第二次世界大戦の末期に米国は、大戦中に開発した核兵器能力の普及を妨げようとした。この取り組みは、最も親密な戦時中の同盟国である英国との核協力の終了と、世界中のウラン資源に対する支配を確立する試み——これらの取り組みは無駄だという科学者の警告にもかかわらず、さえも含んでいた。[3]

　米国の核兵器独占戦略は1949年のソ連の最初の核実験と、それに続く1952年の英国の最初の核実験によって崩された、その結果、それとは根本的に異なる戦略を追求する決定を行った。1953年12月にアイゼンハワー大統領は国連総会における「Atoms for Peace」演説で、その新しいアプローチの要点を述べた。彼の提案は次のようなものだった。

> 主要関係国政府は……各国が保有する標準ウラン（訳注：ウラン235とウラン238の重量比が天然ウランと等しいウラン）ならびに核分裂可能物質（fissionable material）を国際的な原子力機関にそれぞれ供出を開始し、今後も供出を継続する。そのような機関は、国連の支援の下で設立されることが望ましい。……原子力機関に、供出された核分裂可能物質ならびに他の物質の押収・貯蔵・防護を行う責務を持たせることができる。……さらにこの原子力機関のより重要な責務は、この核分裂可能物質が人類の平和の希求に資するように使われる手段を考案することになるだろう。……世界の電力が不足している地域で、豊富な電力を提供することも

■図5.1

Atoms for Peace。原子力平和利用を推進する巡回展示はAtoms for Peaceプログラムの一環として米国中で、また多くの国々で実施された。1955年のジュネーブ会議に73カ国から1,400人以上の代表者が、加えてほとんど同じくらいのオブザーバー、そして1,000人近いジャーナリストが参加したことで、国際的に関心が高いことが示された。
出典：米国エネルギー省。
　John Krige, "Atoms for Peace, Scientific Internationalism, and Scientific Intelligence," in John Krige and Kai-Henrik Barth, eds., *Global Power Knowledge: Science and Technology in International Affairs*, Osiris, Vol. 21, (Chicago: University of Chicago Press, 2006) : 161-181.

その特別な目的となるだろう。[4]

　アイゼンハワーの冷戦戦略の特別補佐官であり、Atoms for Peace演説の重要な起草者であるC・D・ジャクソン（C. D. Jackson）によれば、新しいイニシアティブの、公然とは述べられていないが非公式には認められている目標は、「米国と平和目的、生活水準、そして健康増進を結びつけることである」[5]。米国の核技術の提供はソ連に対抗する冷戦期の外交の道具であった（図5.1）。このイニシアティブは原子力平和的利用に関する2つの重要な国際的な会議につながった。それらは1955年と1958年にジュネーブで開かれ、米国と原子力開発プログラムに積極的な他の国々が核技術に関する大規模な情報バンクを公開した。

　1958年末までに米国は22カ国と、二国間保障措置を含む原子力協力協定を締結した。この協力には米国の研究所で外国科学者たちに幅広いテーマで技術訓練を行うプログラムも含まれていた。米国政府会計検査院の1979年の報告によると、1959年から1965年の間にオークリッジの原子炉技術に関するスクールは26カ国から115人の外国人を迎え入れ、アルゴンヌ国際核科学工学スクールは44カ国から413人を迎え入れた。[6] 全体で、1970年代初めまでに米国は幅広い核工学のテーマで数千人の外国人を訓練した。[7] 原子力協力でのこのやり方にすぐ、カナダ、英国、フランス、ソ連が続いた。1970年代後半までに少なくとも24カ国が原子力に関する訓練を提供していた。[8]

Atoms for Peaceプログラムの一環として提供された援助には、最初の発電炉の足がかりとして研究炉の供給が含まれ、しばしば無償で提供された。援助を受けた国は後に、訓練や研究炉を供給した国から発電炉を購入するという暗黙の了解があった。核保有国である供給国は元々、自国の核兵器開発プログラムのために建設したプラントで濃縮した燃料を、彼らが提供した発電炉用に販売することを期待していた。濃縮施設を所有していないカナダは、天然ウランを燃料とすることができる重水炉を提供した。

　国によっては、海外での訓練と輸入した研究炉を使った研究が核兵器用物質を生産する本来の能力の開発につながった。1950年代以降にアルゴンヌで訓練を受けたムニール・アーマド・カーン（Munir Ahmad Khan）はパキスタンの核兵器開発プログラムの責任者となったが、次のように釈明している。

> パキスタンの高等教育は貧しく、内外の核機関で働く才能のある科学者と技術者を輩出する場所がなかった。必要とする幹部のような人たちを訓練するシステムがなかった。しかし、もしフランスあるいはどこか他の国に来てもらって広範な核技術基盤を生み出し、これらのプラントと研究所を建設してもらうことができれば数百人の国民を、それ以外では決して訓練されることができない方法で訓練する。そしてその訓練で、また設計図と途中で得られる他のものを利用して分離プラントを組み立てることができるかもしれない。それは保障措置の下には置かれず、外国の直接援助なしで建設されるだろう。いまやそれを実行できるかもしれない国民がいるだろう。もし協力を得られなければ核兵器開発プログラムを実行する人々を訓練することができない。[9]

　Atoms for Peaceプログラムと原子力の普及はまた直接、再処理技術の普及へとつながった。1955年の最初のジュネーブ会議の期間中、フランスの専門家たちはプルトニウムの分離技術に関する詳細な技術文書を公表した。それは彼らが考えているものが、核保有国によって課せられた（フランスはまだ核保有国ではなかった）「産業秘密」であり、そして「他の核保有国の前例にならい、同じように秘密主義を撤回することを義務づける」ものであるとして異議を申し立てるためであった。[10] 1958年の第2回Atoms for Peace会議の期間中、フランスはウラン濃縮に関する機微な詳細書を同様に公表する同意を取り付けようとしたが成功しなかった。主に米国が反対したからである。

ウラン濃縮技術——とりわけガス遠心分離法——に関する情報の重要な公開は後になってからだった。オーストリアの物理学者、ゲルノート・ジップは1945年にソ連に捕えられ、収容所に送られた。そこで彼は他の科学者たちとガス遠心分離法について研究した。彼と共同研究者たちが開発したマシンは、将来のほとんどの遠心分離プログラムの着想の元となった。1956年、ジップはソ連を離れて西ドイツに移った。そこで彼はソ連のガス遠心分離機に関するデザイン情報を提供した。彼は1957年に初めて米国に招かれ、そして1958年にバージニア大学に招かれた。そこで彼は米原子力委員会（AEC）のためにソ連の遠心分離機を再現した。

バージニア大学でジップは遠心分離機の詳細なデザインを記述した技術報告書を執筆し、それは1960年にオークリッジ国立研究所から機密扱いでない報告書ORO-315として発表された。ソ連、米国、オランダ、英国、ドイツはすでにガス遠心分離機の開発を始めていた。しかしジップの報告書は、他の国々が開発の取り組みを始めるのに決定的に重要だった。AECがORO-315を発表してから15年のうちに少なくとも他の9カ国が、ジップのバージニア大学のマシンと類似した遠心分離機を製造したという記録が残っている。遠心分離技術は後にA・Q・カーンとつながる闇市場の運用を通してパキスタン、イラン、リビア、韓国にも普及した。

再処理技術は原子力発電所を所有しているほとんどの国で用いられている「ワンススルー」核燃料サイクルの一部ではなかったが、濃縮技術と平行して再処理能力も普及された。再処理に対する関心は、最初は2つの源から出てきた。すなわち、核兵器の選択肢を取得するという関心と自律的なプルトニウム増殖炉（第6章）を保用する夢である。多くの非核保有国が1970年代初期から再処理技術を取得あるいは追求した。アルゼンチン、ベルギー、ブラジル、ドイツ、インド、イタリア、日本、ノルウェー、パキスタン、北朝鮮、韓国、そして台湾である。最終的に、Atoms for Peaceプログラムによって伝達された技術力は、20カ国以上に核兵器の選択肢を追及する支援をしたことになる。

1960年代中頃までに、核技術普及を制御するその場しのぎの措置はますます疑わしく思えるようになった。すでに1963年、米国大統領ジョン・F・ケネディ（John F. Kenedy）は、中国の最初の核実験を予測して次のように述べた。「私

は1970年までに……核保有国が4カ国ではなく10カ国になるのでないか、そして1975年には15カ国か20カ国になるのではないかという気持ちにとりつかれている[17]」。ソ連も同様に警告し、米ソは交渉に乗り出し、核兵器の不拡散に関する条約が発効された。1974年のインドの最初の核実験の後、主要な核保有国もまた原子力供給国グループ（NSG）を組織し、濃縮及び再処理技術の移転に対する制限条件について合意した。

IAEAと核不拡散条約

核技術を多くの国が利用できるようになったことで、アイゼンハワー大統領のAtoms for Peaceイニシアティブもまた現在の核不拡散体制を整備するための基礎を与えた。とくに1957年の国際原子力機関（IAEA）の設立に直接つながった。IAEAは、国連下でウィーンに置かれ、民生用核エネルギープログラムの開発の援助と、核分裂性物質が兵器用に使われていないことを確認する保障措置を行うという二重の任務を持った自立的組織である。

1968年に調印され、1970年に発効したNPTは、核兵器拡散に取り組むための法的な枠組みを提供した。条約は国家を2つの区分に定義する。すなわち、1967年より前に核兵器を「製造し爆発させた」核兵器国（米国、ソ連、英国、フランス、中国）、及びそれ以外の非核兵器国である。[18] 米国、ソ連、英国が1968年にNPTを調印した。しかし中国が、そして次いでフランスがこの条約に加盟したのは1992年になってからだった。

2016年末時点で、191カ国・地域がNPTに加盟している。[19] イスラエル、インド及びパキスタンはNPTに加盟したことのないたった3つの国である。北朝鮮は2003年に条約を脱退した。NPTの修正がない限り、「核兵器国」の定義のために、いかなる他の国家も核兵器国として参加することはできなくなっている。そのような国家が条約に加盟できる唯一の選択肢は自国の核兵器を廃棄して非核兵器国としてNPT条約を調印することである。この選択肢は1991年に南アフリカがとり、そしてソ連から核兵器を引き継いだベラルーシ、カザフスタン、そしてウクライナがとった。[20]

NPT条約第一条では、条約の締約国である核兵器国はいかなる他国にも核兵器を委譲しないことを約束する、と述べている。非核兵器国は、第二条では

第5章　核分裂性物質、原子力と核拡散問題　89

核兵器を取得しないことを約束し、第三条では、拡散が決して起こらないことを保証するために平和利用原子力開発プログラムに関するIAEAの保障措置を受け入れることに同意している。同時に条約第四条は次のように述べている。

1．この条約のいかなる規定も、差別なくかつ第一条及び第二条に則り平和的な目的のための核エネルギーの研究、生産そして利用を発展させる、すべての締約国の奪い得ない権利に影響を及ぼすものと解釈してはならない。

2．すべての締約国は、核エネルギーの平和的利用のため設備、材料そして科学的技術情報の可能な最大限度までの交換を容易にすることを約束し、また、その交換に参加する権利を有している。[21]

NPTはIAEAの保障措置の受け入れを非核兵器国だけに求めている。NPT核兵器国の2カ国である、フランスと英国は1957年の欧州原子力共同体（ユーラトム）条約のメンバーである。ユーラトムはEU（ヨーロッパ連合）をカバーし、──たとえ核兵器国であっても──民生用と申告したすべての物質はユーラトム保障措置の下に置かれなくてはならない。IAEAはEU内の核物質をユーラトムがコントロールすることを監視し補完している。

5つの核兵器国は自国の民生用核施設のいくつかをIAEAの保障措置の対象とすることを申し出た。しかし実際には、予算上の制約と非核兵器国の査察を優先する方針のために、これらの施設でIAEAが選んだものは1つもない。インド、パキスタン及びイスラエルの場合は、いくつかの輸入した施設が、それらの施設の供給国が課した条件を受けて、IAEAの保障措置の下に置かれている。

申告された核施設の監査、監視及び査察システムを含むIAEA保障措置の目的は、核物質が核兵器用に転用されていないことを検証することである。非核兵器国が受け入れている包括的保障措置モデル協定はIAEAの公式文書（情報サーキュラー：INFCIRC/153）に記述されている。この協定は締約国に「……領域内もしくはその管轄下で、あるいはいかなる場所でもその管理下で行われるすべての平和的な核開発活動におけるあらゆる原材料物質または特別な核分裂可能物質について、そのような物質が核兵器または他の核爆発装置に転用されないことを検証するという唯一の目的のために保障措置を受け入れる」[22]義務を

負わせている。これらは「フルスコープ」保障措置あるいは「包括的」保障措置と呼ばれている。

2012年末時点で、IAEAは179カ国及び台湾との間で有効な保障措置協定を結び、世界中の1,300を超える施設で定期的な査察を行っている[23]。これらにはNPT加盟国でないインド、イスラエル及びパキスタンの個別施設のみに適用される部分的保障措置（INFCIRC/66）の下にある17施設、そしてNPT核兵器国が自主的に提供している12施設が含まれている。IAEAの年間の保障措置予算は約2億ドルである[24]。

保障措置の具体的な目標は非核兵器用途から核分裂性物質の有意量（SQ）の転用を探知し、タイムリーに警告を発することである。IAEAは有意量を「核爆発装置の製造可能性を排除し得ない核物質のおおよその量」と定義している。この定義によれば弾頭部品の製造に伴う損失を含んでいる。

NPT核兵器国がIAEAに提言した有意量の適正な値は次のとおり。
- 8キログラムのプルトニウム（事実上、どのような同位体組成のもの）
- 8キログラムのウラン233
- 25キログラムのウラン235を含んだ高濃縮ウラン

転用を探知するために保障措置がデザインされている適時性目標（timeliness goal）は、国が金属プルトニウム、高濃縮ウランまたはウラン233金属を核兵器部品に転換するのに要する時間を7～10日と見積もっている。また、プルトニウム、高濃縮ウランまたはウラン233の未照射化合物（酸化物のような）への転換に1～3週間、そして照射済み燃料中のプルトニウム、HEU及びウラン233を抽出して核兵器部品に転換するのに1～3カ月である[25]。

1991年の湾岸戦争で、NPT締約国のイラクが秘密の核兵器開発プログラムを続けていたこと、そしてIAEAの保障措置システムを回避できていたことが明らかになった。この結果、1997年に信頼性を構築する合意の提案が、IAEAと国ごととの保障措置協定に対する追加議定書（INFCIRC/540）という形でなされ、それはIAEAに未申告の核開発活動を探す道具を与えることになった[26]。

追加議定書は自主的なものである。つまりNPT締約国はそれを受け入れなくてもよいが、一度受け入れると法的に拘束される。しかし議定書はNPT核兵器国を含むすべてのNPT締約国に対して事実上の規範となった。追加議定

書の下で、非核兵器国の締約国はIAEAに自国のウラン鉱山、核廃棄物サイト及び各研究開発施設に関する多くの情報及びアクセスを提供しなくてはならない。IAEA理事会が承認すれば、追加議定書はまたIAEAに、未申告の核開発活動を探すための定期的な保障措置による測定に加えて、広範囲にわたる環境サンプリングを実施させることができる。2016年1月時点で146カ国がIAEAとの間で追加議定書を発効させた。[27]

　核の技術、材料及び専門知識が普及することの懸念には、国家あるいは国家に準ずるテロリスト、または犯罪者グループが核兵器を製造するために核分裂性物質を盗むかもしれないという不安がある。1965年、ペンシルバニア州アポロにある米核物質・装備連合社（NUMEC）の施設から大量の兵器級ウランの損失と転用の可能性が見つかったことで、米原子力委員会は、1966年7月に、特別な核物質の保障措置に関する諮問委員会を設立した。[28] 1967年の委員会報告は、盗難を防ぐために核分裂性物質の「最小の物理的防護基準」を要求し、非核保有国が民生用核プログラムから兵器用に核物質を転用することを防ぐとともに、「保障措置は、テロリストまたは犯罪者グループが核兵器、あるいはその場で利用できる核物質を秘かに取得する問題も認識して設計されるべきである」と主張した。[29]

　有効な物理的防護措置の開発と実行の進展がなかったことで、1970年代には公式に懸念の表明が出されるようになった。その中に、かつて優れた核兵器のデザイナーだったセオドア・テイラーがいた。[30] テイラーは米国における核兵器の盗難リスクと、小グループが比較的容易に簡単な核爆弾をデザインし組み立てることができるかもしれないし、それは個人でさえ可能である、ことを詳述した。[31]

　1990年代初めに出現した新たな現象は、一時的に安全保障コミュニティの主要な懸念となった。それは、グラム量、ある時にはキログラム量の核物質が主にヨーロッパで押収され、安全対策が弱ければ紛失と盗難が容易であり、そしてこの物質の闇市場が存在する可能性が指摘された、ということであった。最も重大な事件として、モスクワからのルフトハンザ便で1994年8月にミュンヘン空港で0.36キログラムのプルトニウムが押収されたことがある。そしてその年末、1994年12月に、濃縮度88パーセントの濃縮ウラン2.72キログラムがプラ

ハに駐車していた車の後部で押収された。これらの物質の出所は、しばしば旧ソ連にたどり着くことができた。しかし多くの場合、元々の出所あるいは国家のコントロールが失われた地点は決定できなかった。

1995年からIAEAは、確認された違法取引事件のデータベースを保持している[32]。これにはあらゆる種類の、天然に存在する放射性同位体及び人工的に生み出された放射性同位体、そして金属くずのような放射能汚染物質が含まれている。2013年時点で、データベースには2,000件以上の登録が確認されており、16件の高濃縮ウラン及びプルトニウムが含まれている[33]。押収の頻度は、最近は増加していない。ソ連の崩壊後、核物質のセキュリティは大幅に改善されたというのが共通の認識である。

2001年9月11日の米国への攻撃で核テロの可能性についての懸念が増加し、2004年4月の国連安全保障理事会決議1540につながった。決議はすべての加盟国に「いかなる非国家的主体に対し、核兵器、化学兵器または生物兵器及びそれらの運搬手段を製造・取得・所有・開発・輸送・移転及び利用を禁止する適切で効果的な法律を採択し執行すること」を求めている。また加盟国は物理的な防護措置、国境管理、不正取引を防止するための法執行の取り組み、そして輸出及び積み替え管理を行うことを含め、核兵器、化学兵器または生物兵器及び物資の「安全を確保するための適切かつ効果的な措置を策定し維持すること」[34]が求められている。決議は参加する各国に、どのような対応措置をとったのか、報告書を6カ月以内に提出することを求めている。決議の履行を監視するために「1540委員会」が設置された。2011年4月、安全保障理事会は1540委員会の権限を2021年まで延長した。2012年末時点で、169カ国が決議の履行に関する報告書を提出したが、24カ国はまだ一度も提出をしていない[35]。しかし報告書を提出した国でも、その問題の優先度が低かったり、技術的、財政的な援助が必要であるために効果的な履行ができていないという問題を残していた[36]。

拡散抵抗性

核時代のかなりの期間を通じて、将来の原子力の成長予測は一貫して楽観的過ぎた（図5.2）。1973年のアラブ諸国の原油禁輸後の価格低下が終了したことで電力需要の成長は遅くなった。多くのプロジェクトは放棄、あるいは無期

■図5.2

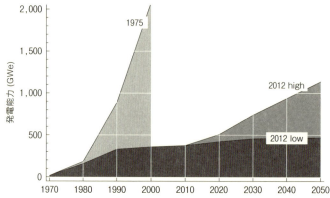

IAEAが1975年と2012年に作成した世界の原子力発電能力の成長予測。1970年代になされた原子力発電の成長予測は、軽水炉と増殖炉の両方を早期に大量設置するための議論に利用され、非常に高すぎることが判明した。つい最近の予測は、将来の電力市場における原子力発電の役割はさらに限定的になることが示唆されている。

データの出所: R. B. Fitts and H. Fujii, "Fuel Cycle Demand, Supply and Cost Trends," *IAEA Bulletin 18*, no. 1 (1975): 19; and *Energy, Electricity and Nuclear Power Estimates for the Period up to 2050, 2012 Edition* (Vienna: International Atomic Energy Agency, 2012).

限延期となり、認可と建設の問題は他の原子力発電所の完成を何年も遅らせた。また米国とヨーロッパで原子力発電所のコストが急増したことで電力会社にとって魅力が減った。原子力に対する国民の反対の声も増加した。米国ペンシルバニア州スリーマイル島での1979年の原子炉事故、ウクライナ（当時は旧ソ連の一部）のチェルノブイリでの1986年の炉心溶融、そして日本の福島での2011年3月の大惨事が原因である。また未解決の廃棄物処分問題について社会的懸念も長く続いたままである。

1990年以降、原子力発電所の新規建設は、アジア、とくに中国と韓国を除けば、比較的少なかった。原子力のマーケットシェアは原子力以外の発電が急成長したために2001年から低下し続けている。それでも2011年3月の福島の事故以前は、一部には気候変動に対する懸念によって駆り立てられた、「原子力ルネッサンス」の可能性に関して活発な議論があった。原子力と核燃料サイクルが大気へ放出する、キロワット時あたりの二酸化炭素量は、ライフサイクルを基準にした時、石炭及び天然ガスと比べてわずか数パーセントである。

2016年末時点で、IAEAは448基の原子力発電所炉をリストアップしているが、それは30カ国と台湾にあり、発電能力は391ギガワットになる。[37]これには日本の42基を含むが、このうち福島の原発事故以降の安全審査に合格したものは5基である（訳注：2016年末時点で、実際に稼働しているのは3基）。米国、フランス、日本、ロシア、韓国、カナダ、ウクライナ、ドイツ、英国の9カ国で世界の原子力発電能力の76パーセントを占める。2011年の福島の事故後、ドイツは2022年までに原子力を段階的に廃止することを決定し、フランスと日本は核エネルギーへの依存を減らす予定である（訳注：日本は2015年7月、2030年の発電量に占める原子力の比率を20〜22パーセントにする目標を定めた）。

　核時代の幕開けから、原子力開発プログラムとそれに伴う科学技術力の存在が、国家の核兵器保有決定にどの程度まで影響を及ぼすか、という議論はずっとあった。[38]しかし、民生用の原子力開発プログラムが核分裂性物質の生産のための基礎を国家に与えたことは間違いない。それによって国家は科学者とエンジニアを養成し、研究施設と発電炉を取得し、またおそらく後に核兵器用物質の生産に転用できるかもしれない再処理及び濃縮の技術を取得することができた。核兵器と等価であることで評価すると、民生用の小規模の核エネルギープログラムでさえ、プルトニウムの大量の在庫量と移動量、及び大量のHEUの生産能力を伴うことになる。こうして民生用プログラムは、実際には国家が明確に核兵器を取得する決定をしなくても、それに近づけるという潜在的な核兵器保有の道筋を国家にとらせることができるのである。[39]

　原子力の展開と使用には多くの方法があり、とくに核燃料サイクル施設を所有しているかどうかで違ってくる。現在のところ稼働しているのは2つの主要な発電炉形式である。1つは天然ウラン燃料と減速材として重水を使う形式（とくにカナダのCANDU炉）で、2016年末時点で約50基ある。もう1つは燃料として低濃縮ウランを用い、減速材として軽（通常の）水を使う形式（軽水炉あるいはLWRで、約370基ある）。将来は、現在開発中の他の炉形式が大量に展開されるかもしれない。それらには高速中性子・ナトリウム冷却増殖炉、高温ガス冷却炉、トリウム炉、そして様々な種類の小型モジュール炉が含まれる。これらには異なる拡散抵抗特性がある程度まであるが、主要な懸念は燃料サイクルであることに変わりはないだろう。つまり国の原子力発電システムが使用済み燃

料からのプルトニウムあるいはウラン233のリサイクルであっても、そして国が所有し、稼働させているのが再処理施設またはウラン濃縮施設、あるいはその両方であってもだ。

2013年時点で、どの国も望ましい燃料サイクルを展開し、すべての関連施設を国の管理下で保持することは原理的には自由である。NPT条約の下では、非核兵器国はIAEAの監視を受け入れなくてはならない。しかし脱退して核兵器を製造しようとする国は、IAEAがその国の核分裂性物質の転用を探知してから核兵器を取得するまでの間隔を最小にすることができる。この警告時間が国の所有する様々な核施設にどのように依存するかを整理するために、以下のように国を4つに区分することが考えられている。

- 再処理プラントを所有
- ウラン濃縮プラントを所有
- 原子炉のみを所有
- 原子炉を所有していない

再処理プラントを所有している国

再処理プラントを稼働させている国——あるいは過去に使用済み燃料を自国または他の国で再処理して、利用可能なプルトニウムを保有している国——は、ほとんどすぐに兵器用プルトニウムを手に入れることができる。一般的に商業用LWRから取り出したプルトニウムは「兵器級」(プルトニウム239が90パーセント以上)ではないが、兵器に利用できる。[40]

さらにLWRを所有するどんな国でも、その燃焼度設計のわずか約10パーセントに達した後に炉内の燃料を取り出すことで兵器級プルトニウムを生産することができる。その時点で、電気出力1ギガワットのLWRから典型的に毎年取り出される20トンの装荷燃料には約40キログラムの兵器級プルトニウムが含まれているだろう。それは長崎型原爆5発以上に十分な量である。

再処理プラントを所有している国では、このプルトニウムはあまり時間をかけることなく分離できるだろう。それからプルトニウムを兵器部品に加工するのに数日あるいは数週間かかるかもしれない。

ウラン濃縮プラントを所有している国

　発電炉の主流の形式である軽水炉は、ウラン235が兵器に必要な濃度よりずっと低い4〜5パーセントの低濃縮ウラン（LEU）を使用している。しかし、ウラン濃縮プラントはLEUだけでなく兵器級ウランの生産に使うことができ、ほとんどの核保有国は自国の濃縮プラントをこれら両方の目的のために使用した。

　遠心分離プラントはLEU生産から兵器級ウランの生産に容易に移行することができる。LEUを生産するようにデザインされたプラントは天然ウランをLEUに転換するカスケードから構成されており、商業用プラントは典型的にそのようなカスケードをたくさん並列的にして稼働している。LEUを生産するためにデザインされた遠心分離施設で兵器級ウランを生産する一番手っ取り早い道筋は、カスケードそれ自体を再構成することなく、既存のカスケードを相互に連結することで可能になるだろう。[41] この方法では数日以内に兵器級ウランの生産を開始することができるだろう。[42] 1基の1ギガワット級のLWRに燃料を供給する小型の濃縮施設の規模では、数発の核兵器に十分な量のHEUを生産するのに要する時間は数週間程度だろう。しかし、稼働中の商業用遠心分離プラントは一般的に非常に大型で、数十基の発電炉に燃料を供給できる。10基の大型発電炉を支える規模の施設は毎週数発の核兵器に十分な量のHEUを供給できるだろう。[43]

　したがって自前の濃縮プラントを所有している国は実質的な核保有国である。2013年、ウラン濃縮プラントを所有している国は13カ国であった。それらには非核保有国であるオランダ、ドイツ、ブラジル、日本、イランが含まれる（図5.3）。（ウラン濃縮プラントが稼働しているすべての主要なリストは付録1を参照。）他の数カ国が濃縮能力を実証し、あるいは研究プラントまたは試験規模のプラントを所有している。

再処理あるいは濃縮プラントを所有せず、ワンススルー核燃料サイクルを行っている国

　原子力発電プログラムを持つほとんどの国では、HEUも使われなければ、使用済み燃料からプルトニウムも分離されない。しかし商業用軽水炉からの使

■ 図5.3

a  b

2008年4月、イラン政府は、ナタンズ（Natanz）濃縮プラントを巡回している当時のマフムード・アフマディーネジャード（Mahmoud Ahmadinejad）大統領を写した一連の写真を公開した（a）。何枚かの写真にはイランの濃縮技術の状態を明らかにする遠心分離機の部品が写っている（b）。1基の1ギガワット規模の発電炉の燃料を生産するのに十分な量のウランを濃縮する規模のプラントは、国に効果的な核開発能力を与え、年間20～30発の核兵器用の高濃縮ウランを生産するように設定できるだろう。
出典：WWW.president.ir。これらの写真は最終的にウェブサイトから削除された。

　用済み燃料は典型的に約1パーセントのプルトニウムを含んでいる。したがってIAEAが第一世代の長崎型原爆を製造するのに十分と想定している8キログラムのプルトニウムは1トンの使用済み燃料から回収できるだろう。
　このプルトニウムを分離するためには、国は使用済み燃料を再処理しなくてはならない。もし国が小型の「にわか仕立ての」再処理プラント——つまり最小限の放射線防護と原始的な放射性廃棄物管理を備えたプラント——を探知される前に建設できたとしたら、数カ月以内に兵器用プルトニウムを生産できる。
　再処理プラントを迅速に秘密裏に建設する可能性は、米オークリッジ国立研究所の技術者たちのグループによる1977年の研究で最初に提起された。彼らは自分たちが開発し設計した「簡単で素早い」再処理プラントの図面と詳細なフローチャートや装置リスト（図5.4）の公表が核拡散リスクを高める、という議論に大変ショックをうけた。彼らの研究はそのようなプラントが1年かもしくはもっと短時間で建設されるかもしれないことを示唆した。[44] 研究結果によると、年間50トンの重金属（訳注：核燃料中のウランとプルトニウムのこと）の処理

■ 図5.4

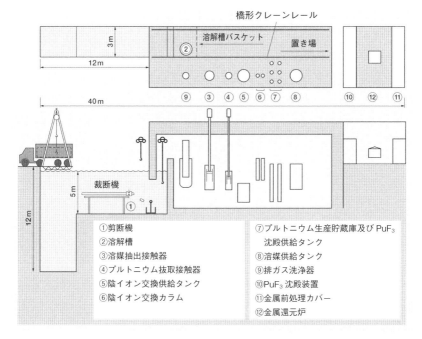

①剪断機
②溶解槽
③溶媒抽出接触器
④プルトニウム抜取接触器
⑤陰イオン交換供給タンク
⑥陰イオン交換カラム
⑦プルトニウム生産貯蔵庫及びPuF₃沈殿供給タンク
⑧溶媒供給タンク
⑨排ガス洗浄器
⑩PuF₃沈殿装置
⑪金属前処理カバー
⑫金属還元炉

PUREX工程を基礎とした「簡単で素早い再処理プラント」（上面図を上に、側面図を下に示す）。再処理の「峡谷」は地上に建設されるのではなく、地下の厚い放射線遮蔽壁の間に埋め込まれている。使用済み燃料は、図左の巨大な放射線遮蔽キャスクを積んだトラックで運ばれてくる。キャスクは深い水のプールの中に降ろされ、そこで上部が外され、放射線を遮蔽している水の中で照射ウラン燃料が持ち上げられる。燃料は水中で短く裁断され①、バスケットに落とされた断片は、高温の硝酸溶解タンク②に運ばれ、そこでウラン、プルトニウム及び核分裂生成物が燃料被覆管から溶け出す。その結果できた酸性溶液は第二タンク③へ汲み上げられ、そこで有機溶媒の液滴と混合され、ウランとプルトニウムが抽出されて最上部に浮遊し、核分裂生成物が後に残る。ウランとプルトニウムの有機溶液は第三タンク④に汲み上げられ、希薄硝酸と混ぜられ、プルトニウムが抽出され、後にウランが残る。プルトニウム溶液はイオン交換カラム（⑤, ⑥）を通してさらに浄化される。そしてフッ化水素酸と混合され、固体の三フッ化プルトニウム、PuF₃として沈殿する（⑦, ⑧, ⑩）。もし十分に不純物が取り除かれたPuF₃が生産されれば、地上にあるグローブボックス内でカルシウムと反応させてフッ素を取り除き、金属プルトニウムを残すことができる（⑪, ⑫）。

出典：D. E. Fergusonの"Simple, Quick Processing Plant, Intra-Laboratory Correspondence"（Oak Ridge National Laboratory, August 30, 1977）より作成。

能力を備えた比較的小型の再処理プラントは約1週間に1発の核爆弾に十分な量のプルトニウムを分離することができる。

原子力発電所を所有していない国

原子力開発プログラムを持ったことのない国は、兵器用の核分裂性物質を生産するのに最も長く時間がかかるだろう。その国はいくらかの核工学の専門知識と、おそらく科学、工学、医学あるいは他の民生用の目的のために小型の研究炉を保有しているかもしれない。そのような国がもし核分裂性物質を生産しようと望んだら、高濃縮ウランを生産するために濃縮プラントを建設するか、あるいはプルトニウムを手に入れるために専用生産炉と再処理プラントを建設しなくてはならないだろう。もし十分に高出力な研究炉を保有していれば、プルトニウムを手に入れるためには再処理プラントを建設するだけでよいだろう。

国が秘かに核兵器能力を開発したければ、おそらくガス遠心分離濃縮技術を選ぶだろう。遠心分離機は小規模で展開することができ、小型の遠心分離プラントは容易に隠すことができる（図5.5）。それは異常なほどの電力を必要としないし、わずかな量のUF$_6$しか漏れることはなく、あらゆる場所からの探知をきわめて困難にしている[45]。歴史的にみると、国が他国からの援助を受けずにガス遠心分離技術を使いこなすのには10年以上かかる。しかし、もし世界のウラン濃縮市場で競争するのに必要とされる高分離効率と処理能力を目標にするのではなく、兵器用の簡単な遠心分離機の製造だけを追求するプログラムならば、時間はあまりかからないかもしれない[46]。

プルトニウムのルートは、原理的

■図5.5

ゴム（Qom）市の近くにあるイランのフォルドウ（Fordow）地下濃縮プラントのサイト。建設中のフォルドウ燃料濃縮プラント（FFEP）は、公式には2009年9月25日、ペンシルバニア州ピッツバーグで開かれたG20サミットの期間中、公式に明らかにされた。ほぼ同時にイランはその存在をIAEAに申告した。IAEAの査察官が最初にそのサイトを訪れたのは2009年10月後半であり、プラントは最終的に約3,000体の遠心分離機を保有し得ることを確認した。
出典：Google Earth。

にはもっと早くなるかもしれない。再処理プラントからの使用済み燃料が不足すれば、国は生産炉を建設することが必要になるだろう。シリアでそのような炉が建設中であることが発見され、2007年9月にイスラエルの爆撃によって破壊された。プルトニウム生産炉と再処理プラントを建設し、核燃料を照射して再処理するまでの期間は数年になるだろう——核燃料サイクルのより高い専門知識と、濃縮及び再処理プログラムに通常伴う特別な部品と原材料を製造または取得する能力がある国であればおそらくもっと短くなるだろう。

この分析はまた民生用原子力が核軍縮と両立し得るかどうか、そしてそれはどのような条件の下かという疑問に答えるのに役立つかもしれない。[47]

もし国が核兵器を取得する意図を持つか、あるいはそうする選択肢を残すことを望むのであれば、国の管理下にある再処理及びウラン濃縮施設は核兵器への最速の道筋を提供する。このことはまた核軍縮合意から抜け出ようとしている国にも当てはまる。現在では、そのような施設はわずか数カ国にしかなく、そのほとんどがすでに核保有国か、あるいは——少なくとも現時点では——核兵器を追求しないことを決定した国である。しかし、長期的には、技術と燃料サイクルをある国には禁じ、他の国には認める核不拡散体制は受け入れられないだろう。例えば韓国は、米国との新しい原子力協力協定の交渉の中で、米国が1988年に日本に対して同意した濃縮と再処理の同じ権利を強く要求した（訳注：2015年11月、米韓新協定が発効し、米国の同意があれば20パーセントまでの濃縮、再処理については米国との共同研究開発を認めた）。

国家に準ずるグループにとって、核分裂性物質を手にする最も考えられるルートは、いくつかの研究炉で使用されているHEU燃料を転用するか、あるいは再処理を含む核燃料サイクルから分離したプルトニウム及びプルトニウムとウランの混合酸化物の形で原子炉燃料として使われているプルトニウムを転用することだろう。未照射のHEUあるいは混合酸化物（MOX）燃料に端を発する核兵器製造は、国家に準ずるグループの能力の範囲内でも可能かもしれない。だからこそ、HEUと分離プルトニウムは民生用核燃料サイクルから廃絶されなければならないのである。

国家による拡散とテロリストの核兵器取得に関する懸念に対処するために、第6章でさらに論じるように、再処理プラントを段階的に完全に廃止する可能

性について真剣に検討すべきである。原理的には、これは困難な決定ではあり得ない。なぜなら再処理はしばらくの間は必要ではないし経済的ではないからである。[48]

濃縮の場合は、国の濃縮プラントを地域の、複数国の、そして国際的な管理下にある施設に置き換えることで、国が自国の濃縮施設を使って兵器級ウランを生産する危険性を減らせるだろう。[49]そのような移行には時間がかかるが、少なくとも新しい濃縮施設はすべて多国籍であることが必要かもしれない。これはどこにその施設を建設し、誰がどのような管理体制でその施設の使用に対して効果的なコントロールを行うのかという問題を提起している。[50]共同所有権は兵器用のプラントを占有しようとする受入国に政治的な障壁を生み出すように作用するが、自国の領土内にそのようなプラントを立地した国が最終的に核分裂性物質の能力にアクセスできるようになる。[51]

民生用核エネルギーの段階的廃止は、核兵器のない世界での核拡散リスクに対する最も効果的で永続的な制約を与えるだろう。しかし、段階的廃止に対するいかなる政策決定プロセスも代替エネルギー政策の費用と利益を検討する必要がある。[52]原子力の使用・不拡散・核テロリズムの防止と、全面的な核軍縮への道すじの関係についてもっと明確に焦点をあてた核兵器の議論ができるようにするためには、これらの費用と利益が、政策決定者と国民によく理解される必要がある。

Horitsubunka-sha Books Catalogue 2017

法律文化社 出版案内

2017年版

■この1冊で世界がわかる! 戦争が伝わる! 平和が見える!

平和と安全保障を考える事典

広島市立大学 広島平和研究所 編　A5判／712頁／3600円

過去から現在までの〈紛争・平和・安全保障〉だけでなく、〈人権・環境・原子力・平和思想・平和運動〉にいたるまで広範な領域を網羅。200名を超える研究者、専門家らが解説し、平和研究のこれまでの到達点を示す。

法律文化社　〒603-8053 京都市北区上賀茂岩ヶ垣内町71　TEL075(791)7131　FAX075(721)8400
URL:http://www.hou-bun.com/　◎本体価格は定価(税抜)

政治／国際関係・外交／平和（学）／経済

現代日本の政治 ●持続と変化
森本哲郎 編　　2800円

第I部で政治における主要な主体について論じた後、第II部でこれらの主体が活動を行う場の動態を描いた、日本政治の体系的概説書。

原理から考える政治学
出原政雄・長谷川一年・竹island博之 編　2900円

領土紛争、原発、安保法制、ポピュリズム等のめまぐるしく変動する政治現象に通底する「原理」そのものの揺らぎに着目。

逆光の政治哲学
姜 尚中・齋藤純一 編　　3000円

●不正義から問い返す　近現代の政治思想家たちがなにを「不正義」と捉え、どう対応しようしたかに光を当てる。

行　政　学
原田 久 著　　2200円

ローカル・ガバナンスとデモクラシー
●地方自治の新たなかたち
石田 徹・伊藤恭彦・上田道明 編　2300円

「再国民化」に揺らぐヨーロッパ
●新たなナショナリズムの隆盛と移民排斥のゆくえ
高橋 進・石田 徹 編　　3800円

国家と国民の再確定の主張にみられるナショナリズムの隆盛を踏まえ、「再国民化」をめぐる理論的な諸問題を整理。

人の国際移動とEU
岡部みどり 編　　2500円

●地域統合は「国境」をどのように変えるのか？
EUにおける移民・難民問題への対策としての出入国管理・労働力移動・安全保障等について考察。

入門 国際機構
横田洋三 監修
滝澤美佐子・富田麻理・望月康恵・吉村祥子 編著
2700円

グローバル・ガバナンスと共和主義
●オートポイエーシス理論による国際社会の分析
川村仁子 著　　4900円

新自由主義的グローバル化と東アジア
中谷義和・朱 恩佑・張 振江 編　7000円

●連携と反発の動態分析　東アジアにおける国家と社会の変容を分析。日中韓による国際的かつ学際的な共同研究の成果。

核兵器をめぐる5つの神話
ウォード・ウィルソン 著　　2500円
黒澤 満 日本語版監修／広瀬 訓 監訳

核兵器の有用性を肯定する論理が、〈神話〉にすぎないことを徹底検証。核廃絶のための科学的な論拠と視座を提供する。

なぜ核はなくならないのかII
広島市立大学 広島平和研究所 監修
吉川 元・水本和実 編
2000円

●「核なき世界」への視座と展望　核廃絶が進展しない複合的な要因について国際安全保障環境を実証的かつ包括的に分析し、「核なき世界」へ向けての法的枠組みや条件を探究するとともに、被爆国・日本の役割を提起する。

第 6 章

プルトニウムの分離を終わらせる

　プルトニウムは1940年末に始まった一連の実験の中で発見され、それが核分裂を起こすことは、直後の1941年初めに確かめられた。連鎖反応を起こすこの人工元素は、核兵器の材料になる可能性があり得ることが直ちに認められ、まもなく米国のマンハッタン・プロジェクトの主要な焦点の1つは、核兵器に必要な量のプルトニウムを生産する原子炉を建設することになった。同時に、核兵器開発プログラムから何か良いものが生まれるかもしれないと希望を持つ核科学者たちもいた。とくに原子炉は社会にとって大規模な電力供給源となり得ると考えられた。第二次世界大戦後、米国、ソ連、英国、フランス、中国、インド、そしてそれらの成功に刺激された国々は原子力を利用する意欲的なプログラムに乗り出した。その中にはプルトニウムを原子炉燃料として使用する取り組みも含まれていた。

　過去60年間にわたって、これらの民生用プログラムは約271トンの民生用分離プルトニウムという遺産を生み出した。これは2つの大きな世界的な課題をもたらした。すなわち、いかにそれらを核兵器に使われないようにするか、そしてそれをどのようにして安全に処分するか、である。

プルトニウム増殖炉

　核の先駆者たちは、たとえ発電炉が、ウランの同位体であるウラン235（天然ウランの0.7パーセント）の連鎖反応で十分効率的にエネルギーを引き出したとしても、低コストで利用できる天然ウランの総量は、人類の長期にわたるエネルギー需要のかなりの割合をまかなうには十分ではない、と信じていた。そのため、1945年に、エンリコ・フェルミ、レオ・シラードと他の数人の科学者た

ちが最初のプルトニウム生産炉をデザインするためにシカゴ大学に集まり、連鎖反応を起こさないウラン238にある潜在的なエネルギーを引き出す原子炉の開発が必要だという結論に達した。ウラン238は、原子核1つ1つが、ウラン235のように大きな潜在的な核分裂エネルギーを秘めており、しかも140倍も豊富にある（天然ウランの99.3パーセント）。理論的には、そのような原子炉は、1トンの平均的な地殻岩石に含まれる3グラムのウランから、1トンの石炭が燃焼で放出するエネルギーよりも大きなエネルギーを放出することができる。[1]

シラードはプルトニウム「増殖」炉を考案した。それはプルトニウムを燃料とするが、消費したよりも多くのプルトニウムをウラン238から生み出すので、ウラン238が増殖炉の根本的な燃料になる。[2] 連鎖反応を起こす人工元素に基づいた別の増殖炉の可能性として、トリウムから生まれるウラン233が後に検討されたが、その核分裂性物質保有量の増加率は理論的に低いとみられたので断念された。[3]

グレン・シーボーグ（Glenn Seaborg）はプルトニウム及び他の超ウラン元素の共同発見者で、1951年にノーベル化学賞を共同受賞し、1961年から1971年まで米国原子力委員会の議長を務めた。彼はプルトニウムを動力源とする将来の世界経済構想を積極的に推進した。[4] 世界中の原子力機関はこの構想を受け入れ、プルトニウム増殖炉へと移行するための準備作業に取りかかった。

ウラン235を約20パーセントに濃縮したウランは、増殖炉の初期燃料として使用することができるが、[5] 炉の設計者たちは一般的に、最初の増殖炉の起動用の核分裂性燃料として、既存のウラン235を燃料とする原子炉の使用済み燃料から分離したプルトニウムを想定していた。それ以降は、原子力発電全体に占める増殖炉の割合が増えるにつれて、増殖炉自身が生み出す余剰プルトニウムを使って起動できる新規の増殖炉の割合が増えるだろう。この余剰プルトニウムは増殖炉の炉心を取り囲むウランの「ブランケット」の中で生み出される。ブランケットは炉心から漏れてくるほとんどの中性子をウラン238の中に捕獲し、ウラン238をウラン239に変え、それは壊変してプルトニウム239になる（図6.1）。その上、プルトニウムは増殖炉の炉心でも生産される。炉心の約20パーセントはプルトニウムで、80パーセントのウラン238と混合している。

増殖炉を基礎とする核燃料サイクルでは、プルトニウムを分離するために、

■図6.1

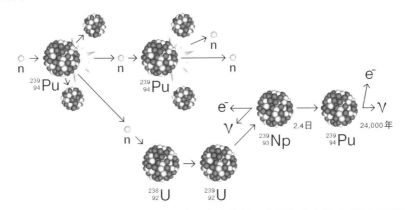

増殖炉はプルトニウムの核分裂連鎖反応でエネルギーを放出し、核分裂で放出される余剰中性子のほとんどはウラン238をプルトニウム燃料に転換させる。低速中性子・軽水冷却発電炉とは異なり、プルトニウムを燃料とする高速中性子・ナトリウム冷却増殖炉は、プルトニウムの消費率よりも高い率でプルトニウムを生産することができる。

　第一世代の使用済み燃料（訳注：ウラン235の核分裂を利用した一般的な原子炉の使用済み燃料）から、そして照射済み増殖炉燃料及びブランケット集合体から、連続した再処理が行われることになる。プルトニウムは高放射能の核分裂生成物から分離されることになるが、それは遠隔操作による使用済み燃料「再処理」化学プラント内で、厚い放射線遮蔽物の背後で行われるだろう。分離されたプルトニウムはその後、劣化ウランと混合されて増殖炉の新しい燃料に製造されることになる。

　1回の核分裂あたり生み出される新しいプルトニウム原子の数を最大にするためには、核分裂あたり生み出される中性子の数を最大にする必要がある。高速中性子で核分裂したプルトニウムは、それが低速中性子で核分裂した時よりも平均して多くの中性子を放出するので、次の核分裂を起こすまでに中性子のエネルギー損失が最小になるような冷却材を使用することになった。これによって中性子を遅くする軽水は除外された。そのため冷却材としては、重い原子核を持ち、融点が低く、中性子をあまり捕獲せず、そして粘性が低い金属を使うことが提案された。研究開発の取り組みのほとんどはナトリウムに注がれた。それは融点が97℃なので、発電炉の運転温度より十分低い温度では液体だ

からである。

　ナトリウム冷却炉のデザインと運転上の大きな課題は、ナトリウムは空気や水に触れると燃焼することである。そのため、空気や水にナトリウムが少しでも漏れると深刻な事態を引き起こすことになる。このことは原子炉の維持と燃料交換を非常に困難にしている。高温のナトリウムが高圧水に取り囲まれた細い管内を流れる蒸気発生器もまたデザインすることが難しい。

　米海軍の推進炉の開発監督だったハイマン・G・リッコーバー（Hyman G. Rickover）は、最初は高速中性子・ナトリウム冷却炉に魅かれた。なぜならその炉心は軽水冷却炉よりも小型だからである。そのため、1955年に彼は2隻目の米原子力推進潜水艦シーウルフにナトリウム冷却炉を組み込んだ。しかし、この艦の試験中に直面した問題に基づいて、彼は「ナトリウム冷却炉は建造費が高く、操作が複雑で、ちょっとした誤操作でも運転停止を長引かせることになりやすく、修理は難しく時間がかかる」と結論づけた。数年後、問題を抱えたシーウルフの原子炉は軽水冷却炉に交換された。

　その後の数十年間、ナトリウム冷却増殖炉の商業化の取り組みに世界中でおよそ1,000億ドル（2010年時のドルで）が費やされた。フランス、ドイツ、日本、ソ連／ロシア、英国、米国のいずれもが原型炉と実証炉を建設した（訳注：「もんじゅ」は原型炉とされているので、日本は実証炉を建設していない）。しかしロシアのBN-600以外はいずれも比較的少ない年数しか稼働しておらず、たとえその期間に稼働していても、実際の稼働時間はほんのわずかであった（表6.1）。2013年時点でBN-600はかなりの設備利用率で30年以上稼働したが、一方で最初の17年間に14回のナトリウム火災を起こしている。経済的に軽水冷却炉と競合力のある増殖炉はこれまでのところ建設されていない（訳注：2015年12月、ロシアはBN-800を稼働させた）。

　その一方で、以前予想されていたウラン危機に対する懸念は、もはやどんな計画期間を考えても、考慮する必要がなくなっていった。1975年にIAEAは世界の原子力発電能力は2000年までに電気出力2,100ギガワット（GW）（訳注：1GWは100万kW）になると予測した。また主要なウラン採掘国が提出した資源情報によると世界の低コストウランは350万トンで、約500GW（5億kW）の発電能力の軽水炉を40年間支える分しかないと見積もられた。だが、どちらの予

■ 表6.1　高速増殖原型炉及び実証炉の性能

国　名	炉	発電能力 (GWe)	稼働年	2011年までの積算 設備利用率[a] (%)
フランス	フェニックス	0.13	1973〜2010	41
	スーパーフェニックス	1.2	1986〜1996	8
ドイツ	SNR-300	0.33	稼働せず[b]	—
日　本	もんじゅ	0.28	1995[c]	—
ロシア	BN-600	0.56	1980〜	74
英　国	高速原型炉	0.25	1978〜1991	27
米　国	フェルミI	0.061	1966〜1972[d]	0.6
	クリンチリバー	0.35	稼働せず[e]	—

注：GWe＝電気出力100万キロワット
[a] 設備利用率とは発電所が生み出した電気エネルギーの総量と、その発電所が期間中にフル稼働した際に生み出せる総量との比である。全体的に、軽水冷却炉の設備利用率は1990年代後半からは平均80パーセントである。
[b] 1985年に完成し、1991年に公式にキャンセルされた。安全性に関する懸念から稼働することはなかった。
[c] 3カ月後にナトリウム火災事故が起きて停止中（訳注：2016年12月に廃炉が決定した）。
[d] 一部に炉心溶融が起きて停止（訳注：1970年7月に運転を再開したが72年11月に閉鎖となった）。
[e] 建設が始まる前の1983年にキャンセルとなった。

測も大きく外れたのである。

　2013年末時点で、世界の原子力発電能力は373 GWであり、IAEAは2050年における原子力発電能力は440〜1,113 GWになると予測した。[13]これは1975年に予測した2000年における予測値よりずっと低い。そして将来の原子力発電能力は劇的に縮小される予測であるのに対して、世界の低コストウランの資源の見積もりは劇的に増加している。2011年、国別のウラン資源の見積もりを基礎に経済協力開発機構（OECD）原子力機関とIAEAは、約1,200万トンの低コストウランの資源は40年にわたって2,400 GWの原子力発電能力を十分に支えられると予測した。[14]ウラン埋蔵量を評価するのに多くの国々で使用されている、1キログラムのウラン（kgU）あたり130ドルと見積もられる限界回収コスト（recovery cost cutoff）では、ウランが原子力発電コストに与える影響は、キロワット時（kWh）あたり0.3セント、あるいは新規原子力発電プラントの電力コストのわずか数パーセントだろう。[15]地質学者は、回収コストが高くなればウラ

ンははるかに多く利用できるようになると予想している。[16]いくらかウランのコストが高くなっても原子力発電による電力のコストには大きな影響を与えないだろう。

　しかし、液体ナトリウム冷却増殖炉の夢がすべて消えたわけではない。インドとロシアは増殖実証炉を建設中であり、中国は検討中である。これら3カ国の原子力機関は自国の原子力発電能力のめざましい成長を予想し、輸入ウランに依存しなくてはならないことを懸念している。フランスもまた高速中性子炉を計画しているが、プルトニウムを増殖するというよりむしろ超ウラン元素を燃焼させるためである。[17]

プルトニウムの分離（使用済み燃料の再処理）

　IAEAの1975年の原子力成長予測に基づくと、2000年までに予想される一連の増殖炉200 GWeの起動炉心を供給するには1,400～2,000トンのプルトニウムが必要だった。[18]そのため、増殖炉開発プログラムがあったほとんどの国々は、増殖炉の初期炉心用プルトニウムを確保するために、第一世代の発電炉から取り出した使用済み燃料の再処理プログラムを開始させた。フランス、日本、英国の大規模な再処理プログラムはこれに基づいて開始された。これらのプログラムのすべては政府の政策によって動かされた。

　1960年代から1970年代初めの間、米国では政府が民間所有の再処理プラントの建設を奨励し、3基の建設が始まった。1基目はニューヨーク州ウェストバレー（West Valley）で6年間（1966～1972）稼働したが、作業者が浴びる放射線量を減らすためには費用のかかるアップグレードが必要なために断念された。プラントは政府に引き渡され、50億ドルをかけた連邦と州の浄化プロジェクトとなった。[19]ジェネラル・エレクトリック社がイリノイ州モリス（Morris）に建設した2基目の商業用再処理プラントは、デザイン上の欠陥から運転には至らなかった。サウスカロライナ州バーンウェル（Barnwell）の3基目の建設は1974年のインドの核実験を受けて米国が政策を変更したために中断された。

　米国はインドに、技術は平和目的、とくに増殖炉開発プログラムのために使うという条件の下で、再処理の技術的援助と訓練を提供してきた。しかしインドは分離した最初のプルトニウムを「平和的な核爆発」のために使った。ジ

ミー・カーター（Jimmy Carter）は1976年の米大統領選挙で、米国のプルトニウム分離の奨励を政治的争点にした。その選挙の直前、フォード（Gerald R. Ford）大統領は「プルトニウムの再処理とリサイクルは、国際社会が拡散の関連リスクを効果的に克服することができると結論できるしっかりとした理由がないかぎり、進めるべきではない」ことに同意した。[20]カーター大統領は着任するとすぐに「われわれは商業用再処理と米国の原子力発電で生み出されたプルトニウムのリサイクルを無期限に延期する。そしてサウスカロライナ州バーンウェル再処理プラントに対して、完成に必要な連邦政府の奨励も資金も与えない」と表明した。[21]カーターは原子力規制委員会を説得してバーンウェルのプラントとエネルギー省のクリンチリバー増殖炉実証プログラムの認可手続きを中止させることに成功した。しかし議会は２つのプロジェクトを存続させた。1981年、カーターの後任のロナルド・レーガン（Ronald Reagan）大統領は「前政権が米国での商業用再処理の活動に課していた無期限禁止を解除する」と発表した。[22]

しかし、レーガン大統領は、政府は再処理に助成金を出すつもりがないことをはっきりさせた。これによってバーンウェルの再処理プラントの投資家たちはプロジェクトを断念した。そして議会は1982年放射性廃棄物政策法を通過させ、全原子力発電量１kWhあたり0.1セントの手数料を資金にして、米国における原子力発電所からの使用済み燃料のための深地層処分場を建設する責任をエネルギー省に委ねた。

レーガンはまたクリンチリバー増殖炉の認可手続きの中断を解除した。そもそも、プロジェクトは電力会社及びエネルギー省からの同額の財政支出を受けて1973年に開始されていた。しかし増加したコストは、すべてエネルギー省に負担責任があった。1983年、見積もられたプロジェクトのコストが５倍以上になった[23]ことで、議会はプロジェクトを中止した。[24]

こうして拡散の懸念とコストの増加が結びついて、米国は燃料としてのプルトニウムを商業化する取り組みに終止符を打った。

しかし、すでに再処理に関与していた他のほとんどの国々は、米国の後を追わなかった。英国とフランスは自国の再処理プログラムを継続した。2013年、高速増殖原型炉を建設したインドは３基の小型再処理プラントを所有し、後続

の増殖炉にプルトニウムを提供するために、さらに大型のプラントを建設して
いた。ロシアは民生用の再処理パイロットプラントを1977年から稼働させてお
り、２基目のパイロットプラントも建設している。中国もまたパイロット規模
のプラントを所有し、また大型プラントの建設を検討している。付録２に稼働
中の主な再処理プラントを載せている。

　しかし、原子力発電所を所有しているほとんどの国々は、使用済み燃料の再
処理ではなく、中間貯蔵を採用することを決定した。2013年時点で、原子力発
電を行ってきた30カ国（と台湾）のうち、23カ国は自国の使用済み燃料を再処
理しなかった。これらのうち、数カ国は以前に一定期間、再処理をしてもらう
ために自国の燃料を海外に送る選択をした。例えばドイツは、1980年代に再処
理プラントの建設を開始したがコストが急増し、プロジェクトに対する国民の
反対が大きくなった時、自国で再処理する代わりにフランスと英国との再処理
サービスを契約することにした。ベルギー、日本、オランダ、スイスもフラン
スと英国の顧客となった。これら海外の顧客の中で、１基の小型原子力発電炉
を所有しているスイスだけが後に契約を更新した。2012年、英国は既存契約が
完了した後に、再処理を終了することを決定した。それは2018年の予定であ
る。

　同じようにアルメニア、ブルガリア、チェコ、フィンランド、スロバニアも
再処理のためにロシアに使用済み燃料を送ったが、これらの契約は終了してい
る。2013年時点で、ウクライナは少量の使用済み燃料を再処理のためにロシア
に送り続けている。

分離プルトニウムと国際安全保障

　軽水炉（LWR）の使用済み燃料は約１パーセントのプルトニウムを含んでい
る。プルトニウムを分離することは、国家及び国家に準ずるグループの両方が
核兵器を取得する潜在的な機会をつくり出す。例えば、日本の六ヶ所再処理プ
ラントの設計処理能力である、年間800トンのLWR燃料再処理は約８トンのプ
ルトニウムを生み出すことになる──それは1,000発以上の核兵器を製造する
のに十分な量である。

　「民生用」再処理を通じて国家が核兵器を取得するルートはくり返し使われ

てきた。インドと同様、北朝鮮は、再処理プラントが運転を開始するまで、そのプラントは民生用と触れ込んでいた。アルゼンチン、ブラジル、韓国、スウェーデン、台湾を含む他の国々は、核兵器へのルートとして再処理プラントを取得、あるいは取得を模索した。しかし国内政策の変更や米国の圧力、あるいは大抵は両方の結果、それらの取り組みを断念した。[29]

ある国が核不拡散条約に加盟し、IAEAの保障措置を受け入れたとしても、再処理プラントで分離されるプルトニウム量が非常に多くなると、測定の不確かさのために、発覚することなく多くの核兵器を製造するのに十分な量のプルトニウムのゆっくりした流用を許してしまうことが起こり得る。例えば、日本の東海再処理パイロットプラントは2003年1月に、累積で6,900キログラムのプルトニウムを回収したと報告した。しかし206キログラムの計量不一致

■図6.2

1994年、ウラルにあるロシアのマヤーク再処理プラントで、2.5キログラムのプルトニウム(酸化プルトニウムの粉末形態)が入った容器を外側の容器に詰める作業者。容器を貫いてくるガンマ線の線量率は小さいが、多くの人々が集団として1ミリグラムの酸化プルトニウムを吸い込んだ時、確率的には約10人が癌で死ぬことになるだろう。
出典:著者らの保存記録。

があった。後になって不明のプルトニウムのうち106キログラムは高レベル放射性廃棄物(HLW)に入っていることが判明し、29キログラムのプルトニウム241が壊変したことが計算され、12キログラムが超ウラン廃棄物とともに処分されたと推測された。その結果、不一致は59キログラムとなった。これはプラントの処理量の約1パーセントにあたり、再処理プラントでの典型的な入出力の測定誤差であり、数発の核爆弾に十分な量である。[30]

さらに、国家に準ずるグループにとって、核兵器あるいは放射性物質散布装置用に入手することは現実には不可能であると思われているプルトニウムが、再処理によってアクセスできるようになる。[31]使用済み核燃料中では、プルトニウムは核分裂生成物——とくに半減期30年のセシウム137がつくり出すガンマ線フィールドによって防護されている。50年後でも加圧水型軽水炉の燃料集合

体から1メートル離れたところにいる遮蔽のない人は1時間以内で命を脅かすほどの蓄積線量を浴びてしまうだろう。しかし、分離プルトニウムにはそれほど強力なガンマ線フィールドはないので、密閉容器に入れれば安全に操作をすることができ（図6.2）、グローブボックスの中で核爆弾のピットに転換することが可能となる。およそ100年経つと、使用済み燃料中のガンマ線フィールドは大幅に減衰するため、その時点で使用済み燃料中のプルトニウムへのアクセスを防ぐには、モニタリング、物理的なセキュリティ測定、そしておそらく地下深部への埋設にいっそう頼らざるを得ないだろう。

軽水炉でのプルトニウムのリサイクル

増殖炉が経済的な競争に失敗したことで、プルトニウムを分離していた国々は自国で蓄積してきた在庫量をどうするか決定する必要が出てきた。1つの明快な戦略は、それを生み出した軽水炉（LWR）燃料に戻してプルトニウムをリサイクルすることであった。LWRは通常、ウラン235を4～5パーセント含んだ低濃縮ウラン（LEU）を燃料としている。劣化ウランに原子炉級プルトニウムを6～8パーセント混合した燃料は、軽水炉燃料とほぼ同じ燃料価値を持つ。しかし、原子炉の制御システムがMOX燃料用にデザインされていなければ、炉心に使うことのできるMOX燃料の割合は一般的に3分の1以下に制限される。

使用済みLEU燃料の中のプルトニウムの量を約1パーセント、未使用のMOX燃料中での割合を6～8パーセントと仮定すると、1トンのLEU燃料を置き換える、1トンのMOX燃料をつくるのには、6～8トンの使用済みLEU燃料からのプルトニウムが必要となる。したがって、軽水炉でのプルトニウムのリサイクルは、必要とされるウランを約15パーセント減らすことになる（訳注：6～8トンのLEUを使用することで1トン相当のLEUが必要でなくなる。したがって15パーセント程度が節約できる）。リサイクルを繰り返すことでこの割合は増加することになるが、実際にはそうならない。なぜなら一度リサイクルされたプルトニウムは、軽水炉で連鎖反応を起こすプルトニウム239とプルトニウム241の同位体の割合が減るからである。また回収されたウランを再濃縮してリサイクルすることでさらに約10パーセントのウランの節約が可能になる。

フランスは軽水炉におけるプルトニウム及びウランのリサイクルをリードしてきた。しかし、2000年にフランス首相のリオネル・ジョスパン（Lionel Jospin）に委嘱された再処理の経済的側面に関する研究で、再処理はフランスの原子力発電のコストを約0.2セント/kWh、あるいはフランスの原子力発電炉の平均的な寿命である45年にわたって、340億ドル（2006年のドルで）上昇させることが明らかになった。たとえ再処理プラントへの投資である埋没費用（sunk cost）を考慮したとしても、もし2010年に再処理を中止すればフランスは80億ドルを節約することができるだろうと報告書は述べていた。[37]

　フランスにおける外国の使用済み燃料の大部分の再処理を終了することで、フランスの再処理複合体を支えてきたすべての経済的負担は政府所有の国有施設であるフランス電力公社（EDF）にのしかかることになる。EDFはやはり国有の原子力サービス会社アレバ（AREVA）と再処理価格のことで厳しい交渉を続けてきた。しかし現在、フランスでは再処理は法律で義務づけられており、2013年時点で、フランスの農村地域に6,000人の雇用者を抱えるアレバ社の巨大なラ・アーグ再処理プラントの閉鎖に、進んで立ち向かおうとして権力を維持できた政府はフランスにはいまだかつてない。

　MOX燃料としてプルトニウムを使用することは、その貯蔵、処理そして輸送に伴う一連のセキュリティ・リスクをもたらす。2014年末時点で、世界の民生用分離プルトニウムのうち約258トン（それは全体の90パーセント以上になる）がヨーロッパとロシアの４つのサイトに貯蔵されている。それらはラ・アーグとマルクールにあるフランスの再処理及び燃料製造サイト（合わせて79トン）、セラフィールドにある英国のサイト（126トン）、そしてロシアのマヤーク施設（52.8トン）である。セキュリティの観点から、もしこれらのサイトで長期にわたる安全な貯蔵をするつもりならば、できるだけ少ない数のサイトへ分離プルトニウムを統合することが望ましい。これらのプルトニウムは、MOXに製造されるための輸送中に、そして原子炉に燃料として配送中に、盗難や散布にいっそう遭いやすくなる。

　フランスで分離されたプルトニウムの大部分をMOXとして使用するために、2012年には大量の分離プルトニウムの国内での長距離輸送と、いくつかの西ヨーロッパの国々にMOXとしての輸送が頻繁に行われた。フランスでは

第６章　プルトニウムの分離を終わらせる

MOX燃料の製造のためにラ・アーグの再処理工場からマルクールまで毎年、約60回の発送が行われ、それぞれ平均して200キログラムのプルトニウムが輸送された。[38] 10〜13トンの分離プルトニウムを含んだMOX燃料は、国内外の原子炉に供給するために、毎年最大1,000キロメートルの距離を輸送された。MOXを燃料とする原子炉はそれぞれ毎年約500キログラムのプルトニウムを必要とするが、それらは1ないし数回の発送で届けられているかもしれない。こうして平均して1週間に少なくとも1回、数百キログラムのプルトニウム——それは長崎原爆30〜60個程度を製造するのに十分な量である——の発送がフランスの道路上で行われている。

またMOX燃料は海路、武装防護した船で送られる。その最も顕著なのがヨーロッパから日本への輸送だった。2012年には、日本の分離プルトニウム約35トンがフランス及び英国で日本への発送を待つ間、MOX燃料の形で貯蔵されていた。2013年末で、日本は1999年以降、ヨーロッパから全部で5回のMOXの発送を受け取った。それらには計4.5トンのプルトニウムが含まれており、うち2.5トンが原子炉に装填された。これらの発送は、米国、日本、そしてこれまでとられた3つの海上ルート沿岸国の安全及び安全保障上の懸念を高めた。[39]

もしプルトニウムの分離と使用への依存度が国際的に高まるならば、遠距離にわたるプルトニウムの輸送問題は、さらに深刻になるだろう。

再処理と放射性廃棄物の処分

使用済み燃料は危険な核分裂生成物及び超ウラン元素を含んでおり、後者にはネプツニウム、プルトニウム、アメリシウムの長寿命同位体が含まれている。原子力専門家の間には、もし使用済み燃料が再処理されないのなら、それを耐食性容器に入れて、長寿命の同位元素が地表に届く確率が最小となるように注意深く選定された地質媒体の地下（少なくとも300メートルの深さ）に埋めるべきであるという、全体的な合意がある。

原子力発電所から出る使用済み燃料と、再処理プラントの稼働に伴う高レベル放射性廃棄物を、長期にわたって貯蔵し処分する問題は、政治的・技術的に困難な課題であるため、その地層処分場はまだ世界中でどこでも認可されてい

ない。とくに処分場のサイトを見いだすことは政治的にとても困難であることは明らかである。処分場の立地を決めようと試みたほとんどすべての国々は一度ならず失敗している。1つの顕著な例は米国ネバダ州のユッカマウンテンの地下処分場に対する計画で、150億ドルの費用をかけて、認可申請を支援する研究を20年以上行ってきたが、2010年に最終的に断念した。

　地層処分場の立地を決めるための自発的で協議的なプロセスの方が、トップダウンによる意思決定よりも成功しているようにみえる。フィンランドとスウェーデンは一般参加方式のアプローチを発展させ、両国とも処分場サイトを受け入れてもらうことに成功した。いずれの場合も、サイトは原子力発電プラントに隣接している。しかし、ここでの処分計画は、使用済み燃料を収納する銅製キャニスタが長期間、腐食に耐えられるかという技術的な問題に直面するかもしれない。いまのところ、どの国も多国間用処分施設を提供する用意はないように思われる。多国間施設計画は、国の処分場建設が直面するのと同様の立地と認可の問題や国民の反対に直面することになるだろう。処分場の立地が困難となれば、使用済み燃料と高レベル放射性廃棄物を数十年間、そしておそらく100年以上管理するために過渡的措置が必要となる。

　再処理をしない大多数の国々では、原子炉から出る使用済み燃料の貯蔵プールが満杯になった時、プールに空きをつくってさらに燃料を取り出すために、最も古い使用済み燃料は原子力発電所サイトにある空冷乾式キャスクで中間貯蔵される。

　再処理を推進する人たちは、増殖炉の夢はさておき、再処理は長寿命のプルトニウムを取り除くことで使用済み燃料の処分リスクを減らし、そして高レベル放射性廃棄物から他の長寿命の超ウラン同位体を取り除くのに利用できるかもしれないと主張する。しかし、分離した超ウラン元素を消滅させるには、それを核分裂させることが必要である。超ウラン同位体は軽水炉の低速中性子では効率的に核分裂させることができないが、高速中性子炉であれば核分裂させることができる。こうしてナトリウム冷却プルトニウム増殖炉の推進は、超ウラン元素を正味で「燃焼」（核分裂）させるために炉心を再設計したナトリウム冷却炉の推進へと姿を変えた。

　1992年、米エネルギー省は米国科学アカデミー（NAS）に使用済み燃料中の

長寿命超ウラン元素を消滅させるコストと利益を調査するよう要求した。NAS委員会は、貯蔵や直接埋設処分よりもずっとコストが高くなる、と結論づけた。また深層環境では、水が長期間にわたって捕捉され、その中の酸素が岩石との相互作用で消費されるので、超ウラン元素は不溶性となり、したがって地下水の中を移動しないことがわかった。[41] そのため、「核変換の経費と新たな運用上のリスクを正当化するほど大きな線量の減少があるとは思えない」と結論づけた。[42] 委員会は「運用上のリスク」の中に、再処理施設と燃料製造施設での作業者と一般公衆への放射線量を含めた。これらの線量が増加するため、数千年後の将来に深地下処分場から漏洩する超ウラン元素による線量がたとえ減少したとしても、その分を十分に相殺することになるだろう。

　分離と核変換をしなければ、およそ100年後には、使用済み燃料中のプルトニウムは、それが混合されている核分裂生成物からのガンマ線ではもはや防護されない。しかし100トンのキャスクに封入された使用済み燃料を盗むのは困難であり、深地層処分場への埋設はアクセスをさらに困難にするだろう。再処理を推進する人たちが心配しているのは、遠い将来、そのような処分地が「プルトニウム鉱山」になり得ることだ。しかし、この将来の脅威は、再処理が生み出す「プルトニウムの川」から転用される脅威とバランスがとられなくてはならない。プルトニウムと他の超ウラン元素を分離しない、あるいは比較的短寿命の核分裂生成物とさえ分離しないという、再処理とリサイクルの方式が提案されてきた。しかしそのような再処理施設でも、短期間で純粋なプルトニウムを生産する施設に変更できることがすでに明らかになっている。[43]

　再処理を推進する人たちは、再処理はウランを取り除くことで深地層処分場に処分されるべき廃棄物の体積を減らすと主張する。しかしこのことは高レベル（つまり高濃度の）放射性廃棄物についてだけである。深地層に埋設される必要のあるすべての再処理廃棄物を含めると、もはや再処理による放射性廃棄物の明確な減容はない。[44]

　実際には、再処理によって、使用済み燃料という１つの廃棄物形態が、次のような多様な廃棄物形態に転換されてしまうため、放射性廃棄物の処分問題を複雑にする。

　・「ガラス化」行程でガラス内に固化されたHLW[45]

- MOX燃料製造工程からのプルトニウムを含んだ廃棄物
- 使用済みMOX燃料。なぜなら増殖炉が商業化されない中で、MOX燃料の再処理及び含まれているプルトニウムの再度のリサイクルはありそうにないからである[46]。
- 再処理及びMOX燃料製造プラント自体の、最終的に汚染された部分を含む新たな廃棄物

また放射性廃棄物からの熱出力が高いと、岩石が加熱し過ぎるのを防ぐために地下の空間をより広く空ける必要がある。したがって、廃棄物の体積よりも放射性発熱の出力の方が、処分場に必要なエリアを決定する重要な因子である。さらに使用済みMOX燃料も高い熱出力なので、現在、フランスで行われているような、一度リサイクルされたMOX燃料中のプルトニウムを再処理することでもたらされる処分場にとっての利益はほとんどない[47]。

最終的に、再処理サイトを処分するには莫大なコストがかかる。日本では六ヶ所再処理プラントの廃止措置の2011年における見積もりは1.9兆円（約200億ドル）だった。英国ではセラフィールド再処理サイトの廃止措置の2013年における見積もりは675億フラン（約1,100億ドル）だった[48]。

いくつかの外国の電気事業者は、使用済み燃料を処分する方針を持っていないという国内の批判に対処する手段として、フランスと英国に自国の使用済み燃料を送り、再処理を依頼してきた。しかし彼らは自分たちの政治的問題を一時的に国外に持ち出したに過ぎない。フランスと英国は、英国の活動家がしばしば言うように、「世界の核のゴミ箱」になるつもりはないと主張した[49]。したがって、使用済み燃料の国外での再処理から出る高レベル放射性廃棄物の固化体は、顧客の元に送り返される。返還される再処理廃棄物の管理は、元々の使用済み燃料の管理と同様に解決が難しいので、オランダ以外のすべての国々は再処理の契約を更新しなかった。日本を例外として、他の国々は深地層処分場の利用を保留して、地上での空冷乾式キャスクによる使用済み燃料の中間貯蔵施設の建設を開始した。

日本の事業者は、自社の原子力発電プラントで使用済み燃料貯蔵庫を拡張することは政治的に不可能だ、と信じて疑わなかった。そのため彼らは自前の再処理プラントを建設し、同じサイトを、ヨーロッパから返還される高レベル再

■ 図6.3

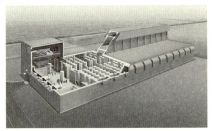

青森県むつ市近郊の3,000トン容量の使用済み燃料の中間貯蔵施設の概念図で、2013年に完成した（訳注：建屋は完成したが、2016年末時点では稼働していない）。それぞれのキャスク（貯蔵容器）は約10トンの使用済み燃料を入れることができる。使用済み燃料から発生する放射壊変熱は防護建物の上部に設置された自然対流装置で循環する空気によってキャスク表面から取り除かれる。米国では使用済み燃料の貯蔵キャスクは屋外に置かれている。

出典：リサイクル燃料貯蔵株式会社。

処理廃棄物固化体の貯蔵に使っている。しかし2013年時点で、日本の六ヶ所再処理プラントの商業運転は15年以上遅れており、日本はその近くに乾式使用済み燃料中間貯蔵施設を建設している（図6.3）。2011年に日本の原子力委員会は、再処理のコストは直接処分よりも0.8～1.0円/kWh（約1セント/kWh）高くなると結論づけた。再処理プラントの設計寿命の間の総額は約10兆円（約1,000億ドル）になる。

民生用プルトニウムの在庫

増殖炉の商業化プログラムの失敗と軽水炉燃料におけるプルトニウムのリサイクルの技術的政治的な遅れの結果、2014年時点で世界の民生用分離プルトニウムは約271トンになった。その量は旧ソ連と米国が冷戦の期間中に核兵器用として生産した量よりも多い（表6.2）。民生用プルトニウムは兵器級（つまり、プルトニウム239が90パーセント以上含まれる）のものはほとんどないが、第2章で述べたように、すべてが兵器として利用できる。

2012年時点で、フランスはその分離プルトニウムを軽水炉燃料としてリサイクルしていたが、さらに分離を行うとプルトニウム量をほぼ定常に保つことができなくなる。日本もまたリサイクルを計画していたが、再処理プラントは故障で稼働が遅れ、そしてプルトニウムのリサイクルプログラムは国民の反対で遅れている。

英国は海外の顧客——とくに日本——のために分離したプルトニウムをリサイクルするMOX燃料製造プラントを2001年に完成させた。しかし最初の10年

■ 表6.2　世界の民生用分離プルトニウム保管量（2014年末）

	国別の民生用分離 プルトニウム(トン)	うち外国の所有分 （トン）
中　国	0.03	0
フランス	78.8	16.9
インド	0.4	0
日　本	10.8	0
ロシア	52.8	0.003
英　国	126.3	23.0
合　計	269.1	39.9

出典：インドは別として他の5カ国はこれらの数字を毎年IAEAに提出している。これはINFCIRC/549, *Communication Received from Certain Member States Concerning Their Policies Regarding the Management of Plutonium*に基づくものである。インドの見積もりはGlobal Fissile Material Report 2015による。インドはこれ以外に保有する非兵器用の5.1トンを高速増殖原型炉の燃料、つまり民生用として使う予定だが、インドは国際的な保障措置には応じないことを公表している。インドは高速増殖原型炉のブランケットで生産された兵器級プルトニウムを兵器用に使う選択肢を残しておきたいと考えているのかもしれない（訳注：これ以外にドイツが2.1トンを保管している。2014年末時点で、日本の分離プルトニウム保有量は、国内に約10.8トン、フランスに16.3トン、英国に20.7トンである）。

間に設計能力のわずか1パーセントの製造しかできなかった技術的問題からプラントは2011年に中止となった。[53] 数カ月後、英国政府は、もし英国が新しい軽水炉を建設して老朽化したガス冷却炉を置き換えるならば、自国の約100トンの分離プルトニウムをリサイクルするために別のMOXプラントの建設を提案した。[54]

　中国、インド、ロシアは現在、自国の分離プルトニウムを増殖炉の初期炉心のために使う計画である。プルトニウムを処分する他の選択肢は第9章で論じられる。

　再処理に伴う最大の脅威は、国家及びテロリストたちに、核兵器取得へのルートを潜在的に開くことである。これまでの経験に基づけば、再処理は原子力でウランをもっと効率的に利用する潜在的利益があるにもかかわらず、見通し得る将来にわたって正味の経済的利益はない。すでに分離されたプルトニウムの莫大な遺産を世界が安全に処分する問題を解決できないでいる間は、プルトニウムの新たな分離は無期限に延期されるべきである。

第7章

高濃縮ウランの原子炉利用を終わらせる

　現在、ほとんどすべての原子力発電炉は天然ウランか、あるいはウラン235を5パーセント未満に濃縮した低濃縮ウラン（LEU）を燃料としている。LEUは兵器には利用できない。しかし、燃料に高濃縮ウラン（HEU）を使用する小型の研究炉と海軍推進炉は何百と存在する。これらのHEUは、核兵器入手に関心を持つ政府と自称核テロリストたちにとって、潜在的な核兵器原料である。そのため、原子炉の燃料が、天然ウランか、低濃縮ウランか、HEUかどうかは、核拡散と核テロの脅威の点で、そして世界の核分裂性物質保有量を減らし、最終的には廃絶に向けた進展においても、重要な意味がある。

　エンリコ・フェルミが臨界集合体としてスタートさせた最初の原子炉は140の原子核のうちわずか1つがウラン235である天然ウランを燃料としていた（本書の第2章を参照）。天然ウランは、核分裂で放出される高速中性子では連鎖反応を維持することができない。非常に多くの中性子が核分裂をすることなくウラン238に吸収されてしまうからである。しかし減速材を用いることでウラン235に優先的に吸収されるようなスピードに中性子を減速することができる。その結果、天然ウラン中でも核分裂を引き起こし、ゆっくりした非爆発性の連鎖反応を維持することができる。

　しかし天然ウランを燃料とする原子炉の減速材の条件から、燃料要素間の距離が大きくなり、したがって炉心も大きくなる。潜水艦用及び研究用原子炉はより高い中性子束（訳注：ある面積を単位時間に通過する中性子数）が必要となるので、さらに小型な炉心を備えた原子炉の開発に拍車がかかった。米国とソ連では大量の兵器級ウランが利用できたので、それらを利用することは当然の選択だった。

1960年代までに、「兵器級」ウラン（米国ではウラン235が93.5パーセント）は米国がデザインした研究炉の標準的燃料となった。80～90パーセントに濃縮されたHEUは同様にソ連がデザインした研究炉の標準となった。[1] HEUはまた米国、ソ連、英国、そしてインドのごく最近の海軍推進炉に採用されている。

　1970年代には、核拡散への懸念が増加するまっただ中、米国とソ連は世界中に輸出してきた研究炉でのHEU燃料の使用を縮小する取り組みを始めた。これらの懸念は2001年9月11日の同時テロの後、急速に高まった。万一、テロリストたちがHEU貯蔵施設に侵入できるとしたら、彼らがすばやくHEUを集めて「簡易核爆弾」を爆発させることができるかもしれない、という可能性について米国も深刻な懸念を持つようになった。2000年10月にロスアラモス臨界実験施設で行われたセキュリティの武力対抗（force-on-force）テストでは、数人の「偽テロリスト」が施設に侵入した。その保管場所の外に大きなHEU板が置いてあったが、防護部隊は侵入者を追い払うことができなかった。その結果、襲撃者たちにはそのHEU板で簡易核爆弾をつくり出す時間があった可能性が指摘されている。[2]

　最初の核セキュリティサミットは2010年、ワシントンDCに40カ国の指導者たちが集まり、燃料としてのHEUの使用を減らすこと、HEUの保管されている場所の数を最少にすること、そしてHEUの貯蔵と輸送に対するセキュリティを高めることが必須であると、世界に注意を喚起するものとなった。最終宣言で、各国は「高濃縮ウランと分離プルトニウムは特別の予防措置を必要とし、そしてこれらの物質を計量し、そして統合するための措置を必要に応じて促進することに合意する。技術的、経済的に実行可能な場合には、高濃縮ウラン燃料を利用する原子炉を低濃縮ウラン燃料を利用するものに転換し、高濃縮ウランの使用を最少にすることを奨励する」[3] ことに同意した。

　とくに被害を受けやすいとみられる、民生用研究炉でHEUの使用を終わらせることに、ほとんどの関心が集中された。しかし海軍の核燃料サイクルにおけるHEUもまた製造、貯蔵そして輸送の間に盗難対象になる可能性がある。実際に、ソ連崩壊後に米国がソ連の核物質防護の援助に駆り立てられることになった事件の1つは、1993年に起きたムルマンスク（Murmansk）の貯蔵施設から潜水艦燃料のHEUの盗難だった。特別調査員たちは「ポテトの方がまだ

安全に管理されていた」と結論づけた。[4] 同様に、米国では、1960年代中頃に、プラント管理者との共謀によって数百キログラムの兵器級ウランが米海軍燃料製造施設から流出し、イスラエルの核兵器開発プログラムに使用するためにイスラエルへ運ばれたと推測されている。[5]

2013年時点で、約2トンの兵器級ウラン——約40個の砲身型兵器あるいは100〜150個の爆縮型爆弾に十分な量——が毎年米国の海軍燃料サイクル内を移動している。[6] 将来の海軍推進炉燃料として使用するために貯蔵してきた大量のHEUもまた、将来の核兵器保有数の削減交渉をいっそう困難にし得る。米国は152トンを冷戦期からの「余剰兵器級ウラン」であるとした。[7] これは5,000〜10,000発の核弾頭に十分な量である。したがって、将来は海軍推進炉用にLEU燃料を使用するよう設計を検討する理由が十分にある。

この章は原子炉燃料にHEUを使用することに目をむけ、研究炉と海軍推進炉の両方へのHEUの適用を終わらせることについての進展と課題を考える。

研究炉

研究炉は3つのカテゴリーに分けられる。すなわち、定常出力研究炉、臨界集合体（提案された炉心デザインの中性子工学の計算チェックをするために超低出力で稼働する）、そしてパルス炉（宇宙における衛星あるいは弾頭の近くで起きた核爆発による中性子バーストが電子機器に及ぼす影響をシミュレートするのにほとんどが使われている）である。

定常出力研究炉は主として様々な目的の材料に照射する中性子源として使われる。その目的には、原子炉の構造材料及び燃料候補への中性子照射効果のテスト、医療診断テストのための放射性アイソトープの生産、複合材料の結晶構造の厳密な調査が含まれる。原子炉からの中性子束がもっと強くなれば必要な照射時間は短くなり、施設の生産性は高くなる。

炉心半径が一定の時、中性子束は原子炉の出力とともに増加する。そして原子炉の出力が一定の時、炉心表面における中性子束は炉心半径が小さくなるにつれて増加する。もし炉心で吸収される中性子が減ると中性子束はまた増加する。ウラン238はウランの中では重要でない中性子吸収体である。なぜなら、それが吸収する中性子のほとんどは核分裂を引き起こさないからである。

HEU燃料を使うとウラン238による中性子吸収の大部分がなくなり、そしてウラン238が少ないことで一定体積の燃料に詰め込むことができるウラン235の量は最大になる。例えば、オークリッジ国立研究所の熱出力85 MWtの高束同位体生産炉（HFIR）は、1961年に稼働し、2013年でもいまだに稼働中であるが、炉心の体積はわずか0.1立方メートル——およそ自動車のエンジンのサイズである。

MTR型研究炉。最初の材料試験炉（MTR）はオークリッジ及びアルゴンヌ国立研究所の共同で設計・建造され、1952～1970年の間、稼働した。そこはいまではアイダホ国立研究所のサイトとなっている。当時、オークリッジ国立研究所の所長だったアルビン・ワインバーグ（Alvin Weinberg）は1955年、ジュネーブで開催されたAtoms for Peace会議でこの原子炉の詳細な基本デザインを提示した。
出典：アイダホ国立研究所。

図7.1に最初の研究炉の1つである、熱出力30メガワット（MWt）の材料試験炉（MTR）を示す。その燃料のデザインは、薄いアルミニウムで被覆されたプレートの中に高濃縮ウランを分散させたもので、以降に建造されたほとんどの研究炉の事実上の標準規格となった。1953年の国連でのアイゼンハワー大統領の「Atoms for Peace演説」と1955年のジュネーブでのAtoms for Peace会議の後、研究炉はたちまち世界中に普及した。そのほとんどすべてを米国とソ連が提供した。研究炉を持つ国の数は1955年の5カ国（米国、カナダ、ソ連、英国、フランス）から1960年には31カ国、そして1965年には48カ国になった。その中には25の開発途上国が含まれていた。[8] 米国は、国外ユーザーに最初はLEU燃料を供給した。[9] しかし、1960年代の初め、米国のHEU生産がピークになった時、研究炉燃料用に毎年、数百キログラムのHEUの輸出を始めた。1965年から1971年の間、米国はこのために13トンのHEU——広島原爆約250発に十分な量——を輸出した。[10] ソ連もまたHEUへと移行した。[11] 1965年までに、研究炉を保有していた48カ国のうち、少なくとも34カ国はHEUを燃料とする研究炉を保有していた（図7.2）。[12]

■図7.2

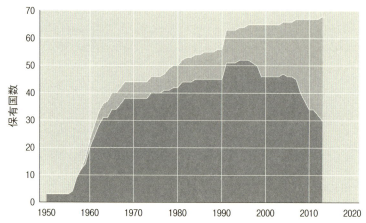

HEU及びLEUを燃料とする研究炉を保有する国々。1953年のアイゼンハワー大統領の「Atoms for Peace」演説の後、米国とソ連は約40カ国にHEUを燃料とする研究炉を輸出した（濃い灰色がHEU燃料を保有している国の数）。1978年、米国とソ連はともに低濃縮ウランへの転換の奨励を始めたが、そのプログラムはきわめて小さかった（薄い灰色が低濃縮ウランだけを保有している国の数）。2002年から米国はこれらの取り組みに対する資金を大幅に拡大した。表示されている日付は、その国が研究炉の運転を開始した年で、その時にHEUが装填されていたか、あるいはそれ以降に装填された。これらの炉のうち数基は最初の数年間は低濃縮ウランを装填していたものがあった。残っているHEUの量が1キログラム未満の国は、HEUがなくなったとみなされる。

HEUを燃料とする研究炉のLEU用への転換

　1974年、インドは、米国のAtoms for Peaceプログラムの支援を受けて生産し分離した、最初の分離プルトニウムを、核実験のために使用した。これによって米国は民生用原子炉燃料としての兵器転用可能核物質、とくにHEUとプルトニウムの使用を抑制する政策をとることになった。1977年から1978年の間、米国の強い希望で、関連する得失評価（trade-offs）を議論するため、1年にわたって国際核燃料サイクル評価（INFCE）がウィーンのIAEA本部で開催された。結果の1つは次のようなものだった。「大多数の［研究］炉では、より低い濃縮度への変更（20パーセント未満、あるいは約45パーセントへのいずれか）が実行可能と思われる」。米国とソ連はともに1978年に「研究・試験炉濃縮度低減プログラム（RERTR）」を開始した。それは当初は、海外に輸出された燃

料に焦点が置かれた。[14] しかし、1986年、米原子力規制委員会（NRC）はこの取り組みを広げて、より低い濃縮度の燃料を利用できること、及び転換関連コストを政府援助とすることを条件に、国内の民生用研究炉の転換を要求した。[15] HEUを燃料とする研究炉１基の典型的な転換コストは100万ドル程度である。

米国は転換された原子炉用に、19.75パーセントに濃縮度を落とした目標を選んだ。それは低濃縮ウランと高濃縮ウランの境界である20パーセントよりわずかに低い。ロシアも最初は中間の36パーセントを目標に選んだが、1993年、米国が第三国にある旧ソ連設計の研究炉の転換に資金を出すようになってからは、同様に20パーセントの目標を取り入れた。[16] 研究炉用燃料を製造している他の国々もLEU燃料の開発の取り組みに加わった。それらにはアルゼンチン、カナダ、フランス、ドイツ、韓国が含まれる。[17]

米国と違い、当初ロシアは自国の研究炉の転換を優先的には実施しなかった。しかし2012年後半にロスアトム社（ロシア国家原子力公社）は、ロシアの様々な種類の研究炉の転換プログラムを開発し、2013年から開始すると発表した。[18] １基は確実に、おそらく２基目の原子炉の転換も2014年末までに見込まれている。さらに、原子炉の転換に関する米ロ協力も期待されている。[19] このイニシアティブに引き続き、ロシアの６基の研究炉の転換の実現性について、米ロ共同で、２年にわたるフィージビリティ（実用可能性調査）が行われる。それには１基のパルス炉と、稼働中の15基のロシアの定出力研究炉のうちの５基が含まれている。さらに2013年までに９基のロシアのHEU燃料の研究炉が閉鎖された。それらは廃炉措置中か、あるいはすでに廃炉となったかのいずれかである。[20]

多くの場合、原子炉運転事業主は転換を渋ってきた。彼らが原子炉の転換を受け入れるには、転換がそれぞれの原子炉の性能に与える影響を推定できる分析手法が必要であった。転換を検討することにさえも抵抗する国外研究炉の事業主たちに打ち勝つために、1992年、米国議会は原子力法「シューマー（Schumer）修正」を成立させた。[21] 修正条項は、米国原子力規制委員会がHEU燃料を海外の研究炉へ輸出するための許認可に関するもので、その原子炉にLEU燃料が利用できない時に限って、そしてその上でLEU燃料が開発中であり新しい燃料が利用できるようになったら直ちに転換することを原子炉事業主

が誓約している時に限って、許認可が与えられる。ロシアはたとえ代替となるLEU燃料が利用できるとしても、同様にHEU燃料を輸出しない政策を取ったと思われる。

　原子炉の転換の取り組みを支援するために、プログラムは「実験施設の事業主や使用者には実質上変化が見えない」[22]方法で、HEU燃料をLEUで置き換えるようにデザインされた。とくに転換は、一般的に同じ燃料配置と、ほぼ同じウラン235の装填量（典型的にキログラム量）を維持するように実行される。兵器級ウランを、配置を変えることなく、ウラン238で希釈して20パーセント未満の濃縮度にするためには、燃料中のウランの密度はおよそ5倍に高められなければならない。[23]しかし、原子炉出力を増加できなければ、転換後の実験で利用できる中性子束は典型的に5〜15パーセント減少する。なぜなら燃料中に加えられたウラン238が核分裂で放出される中性子のいくらかを吸収するからである。しかし、通常はこの損失の埋め合わせ以上に、中性子ビームと実験装置を改善することができる。[24]

　転換される前に、非常に高密度のウラン燃料の開発を必要とする原子炉もある。そのような燃料の開発は、モリブデンを重量で10パーセントまで含んだ高密度ウラン合金に注がれた。[25]不運にもこれらの燃料の導入は技術的な問題のために遅れた。もしこれらの問題が解決されれば、研究炉でのHEU燃料の使用はほぼ完全に終わらせることができるにちがいない。

　2013年4月時点で、65基の研究炉がLEU燃料用に転換された。その中には米国の18基が含まれる。[26]転換された原子炉のうちいくつかはその後、廃止された。1978年から2010年の間にHEUを燃料とする127基の古い研究炉が廃止されたが、それは転換された数のおよそ倍である。[27]その一方で、HEUを燃料とする2基の新しい研究炉が建設された。ドイツのFRM-II（熱出力20 MWt）が2004年に運転を開始し、レニングラード近くにあるロシアのPIK炉（熱出力100 MWt）は完成したが、2013年時点でまだ稼働していない。一方、フランスのジュール・ホロビッツ炉（JHR、熱出力100 MWt）は高密度LEUの開発の遅れのためにHEUを燃料として稼働する予定である。これら3基の原子炉は合わせて毎年150〜200キログラムの兵器級HEU燃料を必要とするだろう。

　2013年後半時点で、世界ではいまもなお約45基のHEUを燃料とする定常出

■ 表7.1　世界のHEUを燃料とする原子炉。地域別、型別。(2013年後半)

	臨界及び臨界未満集合体	パルス炉	定常出力研究炉		同位体生産炉	増殖炉	海軍推進炉	合計
			<0.25 MWt	0.25～250MWt				
ロシア	23	15	2	13	2	1	84	140
中　国	1	—	2	0		1	0	4
ヨーロッパ	3	3	3	5			13（英国）	27
米　国	6	2	1	6			103	118
その他	5	2	9	4			2（インド）	22
合　計	38	22	17	28	2	2	202	311

出典：「施設：研究及び同位体生産炉」、http://fissilematerials.org。海軍炉のリストは軍用艦艇、砕氷艦、そして陸上の海軍訓練用の炉を含む。海軍炉については次を参照。Stephan Saunders, *IHS Jane's Fighting Ships 2012-2013* (Coulsdon, Surrey: HIS Jane's, 2012).

力研究炉が稼働している（表7.1）。10基はカナダと中国がデザインした非常に小型の原子炉で、長寿命炉心には約1キログラムの兵器級ウランが含まれている。そのため拡散の懸念はあまり大きくはない——だが、それらのいくつかは転換済みである。[28] 残りの定常出力研究炉のうち、27基はいまもなお開発中の、より高密度の燃料を使って転換される可能性がある。[29]

　長期的には、現在、研究炉を使って行われている役割のいくらかを引き受けることができる他の中性子源に期待が高まっている。最も重要な加速器駆動の核破砕中性子源は、米国オークリッジ国立研究所の核破砕中性子源やスウェーデンで計画中の欧州核破砕源のように、中性子を利用する研究のために強力なパルス状の中性子束を提供し、定常出力研究炉に比べて重要な強みがある。

　さらに、低濃縮ウランを燃料とする低出力の水溶液炉（aqueous solution reactor）を、モリブデン99を生産する高出力炉の代替として用いることが提案されてきた。[30] モリブデン99の生産は今日の研究炉の重要な商業利用である。その娘核種であるテクネチウム99mは最も普通に使用される医療用放射性同位体であり、毎年約3,000万件の診断に使用される。

　しかし、表7.1にあるように、定常出力研究炉はHEUを燃料とする研究炉の領域の一部に過ぎない。2013年後半時点で、HEU燃料は、ほぼ40基の臨界及び臨界未満集合体、20基を超えるパルス炉、2基の同位体生産専用炉、2基の増殖炉、そして約200基の海軍艦及び砕氷艦の推進炉に使われている。

■ 図7.3

臨界集合体とパルス炉は多くの場合、大量のHEUを含んでいる。(a)：ロシアのオブニンスク（Obninsk）にある物理エネルギー研究所（IPPE）の高速臨界集合体BFS-2には、様々な濃縮度のウラン及びプルトニウムを装填した増殖炉の炉心のシミュレートをするためにプルトニウム、HEU、そして劣化ウランのディスクが積み重なっている。この施設には合計3.5トンのHEUと約0.5トンのプルトニウムを含んだ数万枚のディスクが保管されている。差し込み図はこれらのディスクの1つである。(b)：ニューメキシコ州アルバカーキにあるサンディア国立研究所のパルス炉は、かつてのサンディア・パルス炉II（SPR II）のように、兵器部品と衛星が高放射線量に耐えられるかどうかを検証する強烈な中性子バーストを発生させるために使用された。SPR IIには130キログラム以上の兵器級金属ウランが含まれていた。
出典：米国エネルギー省。

臨界集合体 臨界集合体は、提案された炉心設計の臨界状態をコンピュータで計算したものをチェックするために主に使用される炉心のモックアップ（実物大模型）である。冷却システムがないためにシンプルで、組立・解体が容易である。生み出される出力は典型的にキロワットの範囲で、反応を持続することはできない。そして熱は空気の自然循環で除去される。民生用研究炉がLEU用に転換されたように、臨界集合体の多くにHEU燃料を装填する論拠はなくなる。しかし、それでもHEUを燃料とする海軍推進炉及び高速中性子炉のモックアップの臨界集合体は依然として残っている（図7.3a）。

幸いなことに、今日ではコンピュータが強力になり、原子炉を非常に詳細にシミュレートし、十分に立証された数百の臨界実験に則して検証することができる。[31] 2011年、英国は陸上に置かれた2基の海軍試験炉の閉鎖を決定した。1

つはコンピュータによるモデリングがひじょうに正確になったためである。基本的には、世界中の様々なケースに備えて適応性のある数基の臨界集合体があればいい。あるいはもっと精密なベンチマーク（基準評価）実験が必要とされる。

　米国では、2001年9月11日以降、国立研究所におけるセキュリティ強化とHEU防護のための膨大なコスト増が、不必要なHEU燃料の臨界施設を閉鎖するきっかけとなった。米国の残る5基の臨界集合体のうち4基は、十分に安全とは考えられないロスアラモスの立地点から、高度なセキュリティを備えたネバダ試験サイトの装置組立施設（DAF）へと移された。2013年時点で、世界中のHEU燃料臨界集合体の半分以上をロシアが占めた（表7.1）。ロシアでは臨界施設を閉鎖する動機付けは弱いように思える。1つに、研究の対価を支払う省と、安全保障の対価を支払う省が異なるためかもしれない。

　パルス炉　ほとんどのパルス炉の主な用途は、宇宙空間の弾頭と衛星に及ぼす、その近傍での核爆発による強烈な中性子バーストの潜在的な影響を研究することだった。パルス炉の燃料は典型的に中空円筒状の兵器級金属ウラン合金である（図7.3b）。中性子を吸収する制御棒が引き上げられた時、原子炉は臨界超過となり、核分裂に伴う中性子のパルスが中央の空洞の中の試験体に照射される。核分裂で発生する熱は燃料の温度を上昇させる。燃料は膨張し、中性子の大部分が逃げていくことになる。結果として、原子炉は約千分の1秒以内に臨界未満になる。パルス炉が冷えるにしたがって、炉を臨界未満に維持するために制御棒が再び挿入される。

　パルス炉の炉心はわずかに中性子照射された数百キログラムの兵器級ウランを含んでいる。2013年時点で、ロシアの15基のHEUパルス炉は世界全体の3分の2にあたる（表7.1）。米国も同じくらいの数を所有していたことがあったがHEUのセキュリティコストが高いために、2基を残してすべてを廃止した。2013年、米国で稼働している最後のパルス炉の所有者である米陸軍は「高濃縮核分裂性物質を使用しない中性子発生技術」を開発する契約の発注を行った。それは「核の生存性テストのために陸軍が指定した中性子及びガンマ線束の要求を満たす」ように使用することができ、「……そして陸軍にとって負担になるコスト及びセキュリティ負担を大幅に減らすことになるものである」。

2006年にパルス炉を廃止した米国のサンディア国立研究所が追求してきた1つの代替手段は、中性子パルスが電子機器に及ぼす影響を、それぞれのトランジスタのレベルから始めて、コンピュータでモデル化することだった。[38] サンディアではまたLEUを燃料とする臨界未満パルス炉をデザインした。それは外部の原子炉以外の発生源によって生み出された中性子パルスによって駆動される。[39] いずれの場合も、繰り返しになるが、主としてHEUを防護するコストのために米国はHEUを燃料とする全種類の原子炉を段階的に廃止する道を歩んだ。ロシアに同様のことを重点的に実行させることが課題となっている。

海軍推進炉

多様な研究炉に加えて、核保有国はまた海軍の推進用原子炉を開発した。潜水艦原子炉の最初の陸上設置原型炉は1953年、米国のアイダホ試験炉サイトで稼働した。[40] その翌年、米国は世界初の原子力推進潜水艦ノーチラスを進水させ、1961年に初の原子力推進空母エンタープライズを進水させた（図7.4）。次の4つの核保有国は、核兵器を取得した順に原子力推進潜水艦を取得した。すなわち、ソ連（1958年）、英国（1960年）、フランス（1967年）、中国（1974年）である。1980年後半までに、ちょうど冷戦終結直前に、これらの5カ国が配備した原子力潜水艦及び水上艦は約400隻となった。その大部分はソ連と米国の運用によるものだった。[41]

冷戦終結後、米国とロシアの原子力艦は大幅に削減された。2012年、米国は79隻の潜水艦と水上艦を保有し、ロシアは44隻、英国11隻、フランス7隻、中国9隻、そしてインド1隻で、合計151隻であった。

世界中に各国の海軍が配備されていることを考えると、米国のデザイン上の優先事項はその原子炉の炉心寿命を最大にすることにあった。米国の原子力潜水艦及び空母は30年から40年持続するデザインである「長寿命」炉心を用いて建造されている。英国は自国の潜水艦に米国の燃料デザインを用い、同様に長寿命炉心へと移行させた。米国のすべての海軍推進炉は、最初は兵器級ウラン（ウラン235が93.5パーセント）を燃料とした。1962年からはとくに海軍用に生産された「スーパー級」ウラン（濃縮度97.4パーセント）を使用した。[42] 1982年にHEUの生産を停止したことで、米国は冷戦時代の過剰な核弾頭から引き上げ

られた兵器級ウランを海軍推進炉の燃料とする決定を行った。

ロシアは自国の原子力潜水艦の燃料をHEUにしているが、濃縮度は多様である。第二世代炉の炉心は、2013年時点でも多くが稼働しているが、21パーセントの濃縮度であり、第三世代の炉心は21〜45パーセントの範囲で区域ごとに濃縮度が異なるといわれている。これらの炉は8年ごとに燃料交換するデザインである[43]。インドは自国の初となる原子力潜水艦を建造したが、その燃料の濃縮度はロシアの第三世代炉と同様とみられている[44]。

フランスは自国の第一世代の弾道ミサイル原子力潜水艦にHEUを使用した。しかし1990年代に兵器用HEUの生産を終了してからは、すでに発電炉で使用されている範囲の濃縮度、すなわちウラン235を6パーセント以下に濃縮したウランであるLEUを海軍炉燃料にすることが、より経済的であると判断した[45]。中国も同様にLEUを使用している

■図7.4
a

b

米海軍ノーチラス（a）は最初の原子力推進潜水艦であり、米海軍エンタープライズ（b）は最初の原子力推進空母である。潜水艦推進用の原子炉の開発は1947年に始まり、ノーチラスの建造は、1951年に認可され、1954年に完成した。ノーチラスは1980年に退役した。米海軍エンタープライズはHEUを燃料とする8基の原子炉によって推進され、50年以上にわたって（1961〜2012年）就役した。
出典：米国海軍。

とみられている[46]。最後にブラジルであるが、非核保有国が初めて原子力潜水艦を建造するという重大な計画を開始し、少なくとも最初は4〜6パーセントに濃縮されたLEU燃料を選んでいる[47]。

米国、ドイツ、日本はいずれも民生用原子力船の試験船を建造した。2013年時点で、ロシアだけが原子力推進の砕氷船と輸送船を北極圏で運用している[48]。

第7章　高濃縮ウランの原子炉利用を終わらせる

ロシアの 3 隻の原子力船は濃縮度90パーセントのウランを燃料とする熱出力 135 MWtの炉を使用している。しかし、この炉を水上（barge-mounted）原子力発電所で使用するために適用した別のタイプの炉にはLEU燃料（20パーセントよりわずかに低い）がデザインされてきた。2011年、ロシアはこのLEU燃料を次世代の原子力砕氷船のために使用することを決定し、2020年に運用が始まる計画である。

海軍炉の低濃縮燃料用への転換

1994年、米国議会は海軍核推進局（Office of Naval Nuclear Propulsion）に対して「海軍推進炉の燃料として（高濃縮ウランの代わりに）低濃縮ウランを使用する」可能性について報告を求めた。1995年 6 月に回答のあった報告書は、要約すると、「米国の海軍推進炉プラントでLEUを使用することは技術的には可能だが、非経済的で実現困難である」と述べている。報告書は、研究炉燃料と違って「最新の長寿命［海軍推進炉］炉心は、構造的な完全性、あるいは燃料要素の冷却機能を損なわせることなしにウランの装填量を減らすことはできない」と断言している。もし炉心寿命が維持されるとすれば、そのために、燃料の体積は約 3 倍に大きくならざるを得ないだろう。一度の設計変更による年間のコスト増加——その多くは明らかに体積が大きくなった燃料の製造コストによるものである——は約10億ドル／年（1995年のドル）になると見積もられている。管理されるべき使用済み燃料の体積もまた 3 倍になると海軍の報告書は強調している。報告書は「米国の原子力軍艦の炉心にLEUを使用することは海軍にとって技術的な利点はなく、核不拡散に大きな利点を与えることはなく、環境及びコストの面で有害である」と結論づけている。

フランスは異なる結論にたどり着いた。米国が海軍推進炉として「長寿命炉心」に移行しているのに対して、フランスは低濃縮燃料へと切り替え、7 年から10年ごとに燃料を交換している。海軍推進炉のサイズを変更せず、燃料交換を頻繁に行うという選択肢は米海軍の議会報告の中で検討されているが、その報告書は、燃料交換は潜水艦と空母を、その寿命に対して 2 年ないし 4 年の間、余分に港に留めることになると結論づけている。フランスの原子力潜水艦の場合、燃料交換はオーバーホールの期間を延ばすことにつながらない模様

だ。これを実現できる少なくとも1つの理由は、フランス潜水艦の船体に巨大な燃料交換ハッチを取り付けることだと考えられる。[59]長寿命炉心を使用しない米潜水艦では船体に大きな穴をくりぬいて燃料交換し、終了後は溶接して再び閉じる作業を必要としている。

　米国、ロシア、英国、インドが海軍推進炉にHEUを継続して使用することは無用にHEUが盗難される機会を残すことになる。それに関連して、ロシアと米国が海軍用燃料として蓄えている膨大な余剰兵器級ウランもまた兵器に利用できる核分裂性物質保有量を削減する不断の前進を妨げる障害になるかもしれない。

　2014年の初めに、海軍でのHEU使用終結に向けた小さな一歩が踏み出された。議会からの2回目の要求に応えて、米エネルギー省海軍炉局は初めてLEUへの移行は現実的かもしれないと指摘し、「高度な燃料システムを開発する可能性は存在し……より高エネルギーの海軍推進炉炉心はHEU燃料を使用するか、あるいは炉心寿命、燃料サイズ、そして艦のコストにあまり影響を与えないLEU燃料を使用することで可能になるかもしれない」と主張した。[60]新しい報告書は、新しい燃料の開発は長期にわたる取り組みとなり、LEU炉心を備えた原子力推進潜水艦あるいは水上艦の建造は今後数十年かかることを示唆している。HEUを燃料とする原子炉を保有するすべての国は、それが海軍推進用、軍事あるいは民生研究用、または同位体生産用であれ、自国のHEUへの依存を終わらせる様々な戦略と費用効果について本格的な分析を開始すべきである。これらの評価は海軍にとっての必要性という狭い視点ではなく、LEUへの移行と不必要なHEU燃料の研究炉を閉鎖することが、国際安全保障にとって利益のあるものでなければならない。

第Ⅲ部

核分裂性物質をなくす

第8章

兵器用核分裂性物質の生産を終わらせる

　1993年12月、国連総会は、カナダがリードし米国とインドが加わる19カ国のグループが提案した決議を満場一致で採択した。それは「核兵器あるいは他の核爆発装置のための核分裂性物質の生産を禁止する、差別的でない、多国間の、国際的に効果のある検証可能な条約」を求めるものである。

　その交渉は、包括的核実験禁止条約（CTBT）の協議が1996年に完了した後に、ジュネーブの国連軍縮会議（CD）で始まるだろうと期待された。しかし2013年末時点で核分裂性物質カットオフ条約の交渉はまだ開始されていない。待ち望まれている協定は、何を範囲に納めるかに対する考え方の違いを反映して、核分裂性物質条約（FMT）、核分裂性物質生産中止（カットオフ）条約（FMCT）と呼ばれることもあった。CDにおける議論を活性化させ、協議の開始を支援するためにIPFMは条約案文を配布した。

　65カ国がCDに参加しているが、議題や年間の行動計画の制定などのような主要な決定は全会一致で承認されなければならない。10年以上の間、FMCTに関する交渉は、核軍縮、非核保有国に対する核兵器不使用の約束、宇宙空間での軍備競争の防止に関する交渉よりも優先されるべきとの合意は得られなかった。2009年、短期間だが、FMCTの交渉を進めながら、これら3つの問題について議論を始める合意が得られた。しかしパキスタンはこの合意の進展を妨害した。なぜなら核分裂性物質の在庫量がインドに比べて少ない状態のままいたくなかったからである。

　パキスタンと違ってイスラエルはCDでのFMCT交渉を開始することを公式には妨害していない。しかしイスラエルはそのような条約には参加しないことを明らかにした。イスラエル首相のベンヤミン・ネタニヤフ（Benjamin

Netanyahu）は1999年にクリントン大統領に次のように記した。「われわれはその条約には決して署名しない。勘違いしないでほしい——圧力をかけても無駄だ。自殺したくないので、われわれは条約にはサインしない。」[5]

イスラエルは核保有国の中で公式には核兵器を保有していることを認めない政策を採っている唯一の国である。FMCTでの検証取り決めにより、イスラエルはその姿勢を維持することが難しくなるだろう。

米国、ロシア、フランス、英国——これらすべての国は兵器用の核分裂性物質の生産を永久に停止したことを公表した——にとってはFMCTの理由づけは中国、インド、パキスタン、イスラエル及び北朝鮮の核兵器製造を制限することである。非核保有国の視点からは、カットオフ条約は4つの核保有国の核分裂性物質の生産停止を法的に拘束することに加え、核兵器国のいくつかの民生用核施設の運用の監視を要求することでNPT条約の差別的性格を減らすだろう。最終的に、FMCTは冷戦後のロシアと米国の核分裂性物質の削減を後戻りさせないようにすることができるかもしれない。民生用の核分裂性物質とその生産施設が兵器用に転用されていないという信頼性を与えるために、IAEAはそれらの査察を行ってきた長い経験があるので、一般的にはIAEAがFMCTの検証任務を行うだろうとみられている。

FMCTの歴史

カットオフは冷戦期の軍備増強に上限を設ける手段として、アイゼンハワー大統領の個人的なイニシアティブで1957年に初めて提案された。米国は「協定は近いうちに効果的な国際査察の下で達成され、将来のすべての核分裂可能物質の生産は国際的監視の下で、完全に非兵器目的のためだけに利用され、蓄積されるものとする」[6]と提案した。ソ連は当時、プルトニウムとHEUの生産で米国に大きな後れを取っていたのでその提案を拒否し、核軍備競争は弱まることなく続いた。

しかし1991年の冷戦の終結とソ連の崩壊で、状況は急速に変化した。米国、ロシア、フランス、英国はすべて自国の持つ冷戦期の核戦力を縮小することを決定し、結果として必要以上の核分裂性物質を保有することになった。1996年までに、4カ国のそれぞれの政府は、兵器用のHEUとプルトニウムの生産を

■ 図8.1

中国の未完成地下生産炉複合施設（2010年）。(a)：チョンチン（Chongqing）の東のBaitaoにある複合施設の入り口。トンネル上部の中国語は「816地下核プロジェクト」と記されている。(b)：プロジェクト816の原子炉制御室。4つの展示物のうち3つは未完成の3基のプルトニウム生産炉の炉心配列を示している。
出典：Renren（左）及びSinaweibo（右）。（訳注：いずれも中国のソーシャルメディア）

終了したことを公表した。中国はそのような公表をせず、核戦力の縮小もしなかった。しかし、1990年に兵器用の核分裂性物質の生産を中断したとみられている。[7] 中国は1980年代に断念した3基の未完成のプルトニウム生産炉を備えた地下サイトを観光地に変更した（図8.1）。

条約における範囲の問題

カットオフ条約の最小限の仕事は兵器用の核分裂性物質を生産させないこと、そして軍事用の核分裂性物質の生産施設を廃止するか、あるいはそれらを非兵器用に転換することである。締約国もまた、保障措置以外でのプルトニウムの分離及びウラン濃縮を行わない義務を負い、新たに生産されたHEUあるいは分離プルトニウムはすべて保障措置の下に置くことが求められる。条約ではおそらくHEUの生産は、例えば海軍推進炉の燃料用は認められるかもしれないが、それが兵器には使用されないことを保証する取り決めがある時に限られるだろう。

IAEA憲章ではHEU、プルトニウム、ウラン233は「特殊核分裂可能物質」、あるいは核分裂爆弾を製造するのに使われ得る原材料に分類される。少量の核分裂性物質であるネプツニウム237とアメリシウム241はウラン235に十分匹敵

する臨界量を持ち（図2.2を参照）、IAEAは「代替となる核物質」とみている。それらは核爆弾を製造するのに使われる可能性があり、したがって、もし分離されればFMCTの下での保障措置の対象とされるべきである。[8]

トリチウムは、12.3年の半減期を持つ、水素の重い同位体であり、最新の核弾頭の爆発力を増幅するのに使用される（第2章を参照）。トリチウムは核分裂性物質ではないのでFMCTの範疇外である。しかしトリチウムの生産を禁止することでFMCTのいくつかの検証任務は軽くなるだろう。なぜならトリチウムは原子炉施設で生産されるからである。

FMCT——または付帯決議あるいは一方的な約束によって補完される条約——は、核兵器用の核分裂性物質の新たな生産を禁止するだけでなく、以前から存在している核分裂性物質で、すべての軍事目的にとって過剰であると公表されたもの、核兵器から回収した核分裂性物質、そしておそらく海軍推進炉燃料として蓄えてあるHEUでさえも、核兵器での使用が禁止される可能性がある。

FMCTの発効前に核保有国で生産された民生用の核物質もまた保障措置の下に置かれるのは自然だろう。フランスと英国の民生用核分裂性物質はすでにユーラトムの保障措置の下にあり、米国はそれらをIAEAの保障措置に申し出ている。もし以前から存在している民生用在庫が保障措置の下に置かれないとしたら、新しい民生用物質は保障措置の下に置かれるのに、以前から存在している民生用物質が置かれないという複雑な二重に計量するシステムができあがってしまうことになる。

5つのNPT核兵器国はすでに軍事用には過剰と公表した核分裂性物質を保障措置の下に置く約束をした。2000年のNPT再検討会議で5カ国は「そのような物質が永久に軍事プログラムの外側にとどまることを保証するために、IAEAもしくは他の関連する国際的な検証の下に……できる限り速やかに、もはや軍事目的には必要でなくなったと各国政府が認めた核分裂性物質を置くこと」を誓った。[9]しかしこの誓約は2010年のNPT再検討会議では更新されなかった。[10]見えてきた1つの問題点は、核分裂性物質がいったんIAEAの保障措置の下に置かれると、その物質が廃棄物として処分されるまで保障措置は永久に続くということである。ロシアはプルトニウムが無制限にリサイクルされる増殖

炉燃料サイクルの商業化を計画しているので、このアプローチに関して懸念を持っているようだ。結果として、2013年後半時点で、ロシアと米国が2000年に交わした協定（第9章を参照）の下で、それぞれ過剰と公表した34トンのプルトニウムをIAEAが監視することについての合意はまだできていない。[11]

しかし、ロシアは米国に売却するために500トンの自国の過剰な兵器用HEUの希釈に米国の監視を受け入れ、米国は自国のいくらかの余剰HEUの希釈を検証してもらうためにIAEAを招き入れた。

フランスと英国は、相対的にはずっと少ない自国の核兵器保有量をかなり縮小させ、民生用の核分裂性物質はすでにユーラトムの保障措置を満たしているが、いっそう多くの核兵器物質を過剰と公表し、それらを国際的な監視の下に置くことが可能である。

しかしインドは、自国の民生用の核分裂性物質を将来、兵器に利用する選択肢を明らかに残したがっている。原子力供給国グループ（NSG）は、核不拡散条約の非締約国との核取引を禁止している。その合意からインドを除外することに関する2006年の米国との交渉で、インドは自国の増殖炉プログラムをIAEAの保障措置の下に置くことを拒み、そのプログラムに使用するプルトニウムは「最小限の信頼できる抑止」のために必要となるかもしれないと主張した。[12]

核軍縮が進むにしたがって、米国とロシアが海軍推進炉燃料として蓄えている大量のHEUもまた懸念されるようになるかもしれない。前に述べたように、米国は海軍推進炉燃料として将来使用するために152トンの兵器級ウランを蓄えていると公表した。[13]これは少なくとも6,000発の核弾頭に十分な量である。ロシアは海軍推進炉用HEUを別個に蓄えることはしていないかもしれない。しかし、自国の軍事用HEUをさらに削減する決定を行う時は、必ず将来の必要性を考慮に入れるだろう。

条約成立はまだ先にあるとみて、いまある既存の兵器用物質の削減を要求する国もある。2010年にパキスタンの軍縮大使は「パキスタンと、明らかに有利なスタートをする隣国との間の核分裂性物質保有量の非対称性あるいは不均衡な現状を凍結する条約を受け入れることはできないだろう」と主張した。[14]実際に、パキスタンはインドよりも10年早くHEU生産を開始したが、およそ1998

年からようやくプルトニウム生産を開始し、自国のプルトニウム生産能力を増大させるために大型投資を行っている。2013年には2基の生産炉が稼働しており、別の1基が稼働間近で、4基目を建設中である。カットオフ条約の早期発効はこれらの投資価値をなくしてしまうだろう。

FMCTの検証の挑戦

FMCTにおける検証取り決めは、非核兵器国が「核兵器または他の核爆発装置」を生産しないというNPT誓約に従っているかどうかを検証するために、IAEAが開発した監視技術の上に築かれるだろう。しかし、保障措置を考慮してデザインされていない濃縮及び再処理プラント、そして以前にHEUを生産したことのある濃縮プラントにこれらの技術を適応することが必要になる。また核保有国の軍事用核施設で機微な情報を保護したまま検証を認める「管理アクセス」取り決めも必要となる。

FMCTの下で、検証が必要となるのは次のとおりである。
- 閉鎖した濃縮及び再処理施設が稼働していないこと
- 稼働している濃縮及び再処理施設で生産された核分裂性物質が転用されていないこと
- 秘密裏に行われている生産がないこと
- 疑わしい軍事用核施設での生産がないこと
- 海軍推進炉燃料サイクルからHEUの転用がないこと

閉鎖した濃縮及び再処理プラントが稼働していないこと

NPT核兵器国が核分裂性物質の生産を何年も前に終了、または中断してから、ほとんどの軍事用の核分裂性物質生産施設は閉鎖された（表8-1）。施設が稼働していないことの検証は比較的、負担をかけずに行うことができる。それは、これらの施設で生産されたHEUとプルトニウムがどのくらいかをまだ明らかにしたくはない中国のような国の懸念を緩和するのに役立つだろう。

稼働中の濃縮及び再処理プラント

FMCTがある国に対して発効した後、IAEAはHEUを生産しているか否かを

■ 表 8.1　閉鎖された濃縮及び再処理プラント

濃縮プラント

国	施 設	稼働期間
中 国	ランチョウ	1964 ～ 1998
	ヘイピン	1975 ～ 1987
フランス	ピエールラット	1967 ～ 1996
	ジョルジュ・ベス	1979 ～ 2012
英 国	ケーブンハースト	1954 ～ 1982
米 国	テネシー州オークリッジ、電磁方式	1945 ～ 1947
	テネシー州オークリッジ	1945 ～ 1985
	オハイオ州ポーツマス	1956 ～ 2001
	ケンタッキー州パデューカ	1952 ～ 2013

再処理プラント

国	施 設	稼働期間
中 国	チュウチュアン	1970 ～ 1984
	コワンユワン	1976 ～ 1990
フランス	マルクール、UP 1	1958 ～ 1997
ロシア	マヤーク（旧オゼルスク）、BB プラント	1959 ～ 1987
	セヴェルスク（旧トムスク 7）	1956 ～ 2012
	ジェレズノゴルスク（旧クラスノヤルスク 26）	1964 ～ 2012
英 国	セラフィールド、B204	1952 ～ 1973
米 国	ハンフォード、T 及び B プラント	1944 ～ 1956
	ハンフォード、REDOX プラント	1952 ～ 1967
	ハンフォード、PUREX プラント	1956 ～ 1990
	サバンナリバー、F キャニオン	1954 ～ 2002
	ウェストバレー、民生用	1966 ～ 1972

出典：
中国：*Global Fissile Material Report 2010: Balancing the Books, Production and Stocks* (Princeton, NJ: International Panel on Fissile Materials, 2010), http://fissilematerials.org/library/gfmr10.pdf.
フランス：前掲書；Mycle Schneider and Yves Margnac, *Spent Nuclear Fuel Reprocessing in France* (International Panel on Fissile Materials, April 2008).
ロシア：Thomas B. Cochran, Robert S. Norris, and Oleg Bukharin, *Making the Russian Bomb: From Stalin to Yeltsin* (Boulder, CO: Westview Press, 1995), 79-80.
英国：*Global Fissile Material Report 2010*; Martin Forwood, *The Legacy of Reprocessing in the United Kingdom* (International Panel on Fissile Materials, July 2008).
米国：R. E. Gephart, *A Short History of Hanford Waste Generation, Storage, and Release*, PNNL-13605 Rev. 4 (Richland, WA: Pacific Northwest National Laboratory, October 2003); "SRS History Highlights," www.srs.gov.
注：濃縮プラントは、第二次世界大戦後中に稼働したオークリッジのY-12電磁プラント以外はガス拡散プラントである。ほとんどのプラントは兵器用のHEUを生産するために使用されたがLEUだけを生産したものもある。パデューカ・プラントはポーツマス・プラントでさらに濃縮してHEUにするための原料物質であるLEUを生産した。再処理プラントは使用済み核燃料からプルトニウムを分離するために典型的にPUREX工程を使用する。REDOX工程はハンフォードのT、B、及びREDOXプラントで使用された（訳注：REDuction-OXidationの略。初めて溶媒抽出法で分離に成功した工法。しかし欠点が多く現在は使用されていない）。

■ 図8.2

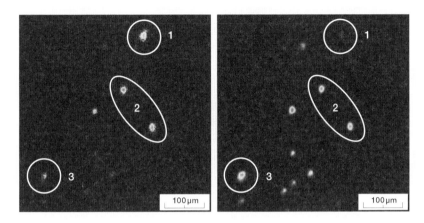

二次イオン質量分析装置で撮影したミクロンサイズの酸化ウランの粒子画像。イオンビームが粒子をスキャンし、ウランイオンをたたき落とす。その時、質量分析装置で質量が測定される。左と右の画像は粒子表面のそれぞれウラン235とウラン238の濃度を示す。画像中の粒子の明るさはウラン235（左）とウラン238（右）の含有量とともに増加するが、濃縮度に対して直線的に増加はしない。左の方の画像で明るい粒子は高濃縮ウランを含んでいる。粒子1はHEUであり、粒子2は中程度の濃縮であり、粒子3はおそらく天然ウランである。

出典：Magnus Hedberg, European Commission Joint Research Centre: Institute for Transuranium Elements, Karlsruhe.

決定するために、その国の稼働している濃縮プラントを監視する。研究炉用のHEUは段階的に廃止されていくので、民生用に新たなHEUを生産する必要はないはずである。その移行の間、ロシアと米国には、いまもなおHEUを研究炉の燃料とするには有り余るほどの過剰なHEUがある。ロシアと米国はまた自国の海軍推進炉に燃料を供給でき、米国は英国に数十年の間、原子力潜水艦用に余剰兵器級HEUを提供し続けることができるだろう。インドは利用できるHEU保有量は大きくないのに、HEUを燃料とする潜水艦を保有しているおそらく唯一の国である。[17]

　FMCTが発効する前にHEUを生産していた濃縮プラントが、現在はHEUを生産していないことを検証する上で困難なことの1つは、施設でサンプルを拭い取るとHEUを含んだいくつかの粒子が見つかりやすいことである（図8.2）。これらの粒子はFMCTが発効する前の稼働に起因するものと説得力をもって

検証されなければならない。もしそうでなければ、サンプルの拭い取りとは独立した別の検証法が使われなければならない。

　再処理の場合は、新たに生産されたプルトニウム、ウラン233、ネプツニウム237、アメリシウム241の貯蔵と利用がIAEAの監視対象となるだろう。

　再処理プラントの国際的な保障措置は現在、非常にコストがかかっている。2012年時点で、IAEAの保障措置下に置かれている再処理プラントはわずか2基で、どちらも日本にある。しかしそれは保障措置の予算のおよそ20パーセントを占めている。2012年に、核保有国では9基の民生用再処理プラントが稼働していた（付録2を参照）。

　日本の再処理プラント内を移動するプルトニウムの保障措置測定には通常1パーセントの不確かさがある。もし六ヶ所再処理プラントが年間8トンのプルトニウムを抽出するその設計能力で稼働すれば、その不確かさは年間10発の核兵器を製造するのに十分な量になるだろう。核保有国の再処理プラントをリアルタイムで検証する状況ではさらに悪くなるだろう。これらのプラントは保障措置を前提としてデザインされておらず、IAEAは主要なエリアが高い放射線レベルのためにアクセスできなくなる前にそれらのデザインを検証する、あるいは測定装置を導入する機会がなかった。これらのプラントの内部でプルトニウムの移動量を測定することは困難かもしれない。FMCTの下では、それらの施設は毎年掃除され、IAEAが投入量と産出量を比較する「ブラックボックス」として扱う必要がありそうである。もちろん、第6章で述べたように、不必要であり、経済的でない再処理を断念することがより望ましいだろう。

生産が秘密裏に行われる可能性

　核保有国は、兵器用核分裂性物質をさらに生産する必要があると考えるならば、FMCTに参加しようとはしないだろうが、もし参加したとしても、核保有国での秘密裏の生産の可能性は、ちょうど非核保有国でそうであるように長期にわたって存在するだろう。

　NPT締約国であるいくつかの非核兵器国は過去30年間にわたって、兵器用の核分裂性物質の生産に利用できるとみられる核施設の建設を秘密裏に行ってきた。イラクは、イスラエルによって1981年にオシラク（Osirak）原子炉を破

壊された後、野心的な濃縮プログラムを追求した。最近になって、2002年と2009年に、イランではそれぞれナタンズとフォルドウの地下で遠心分離濃縮プラントが建設の初期段階にあることが発覚した。2007年、シリアでは北朝鮮のプルトニウム生産炉と同型とみられる未申告の原子炉を建設していることが判明した。これらすべての動きは他国の機密情報収集によって早期に探知され、IAEAに立ち入りと査察を要求することになった。

非核兵器国では、IAEA保障措置は、未探知の濃縮プラントに供給されるかもしれない天然ウランと低濃縮ウラン、及び秘密の再処理プラントに供給されるかもしれない使用済み核燃料を監視するという別のレベルの防護を行う。IAEAはまた疑わしいサイトを視察する権限を持ち、それはイラク、北朝鮮、イランで行使された。しかし、最初は外部から施設の機能の確定を試み、必要に応じてその内部を査察するのである。

ガス遠心分離機によるウラン濃縮に関連した未申告の活動を示す1つの有力な標識は、環境中に説明のつかない六フッ化ウラン（UF_6、遠心分離機の中で回転する、ウランを含んだ気体）の分解産物が存在することだろう。もしUF_6が漏れ出ると、それは空気中の水蒸気と素早く反応して固体のUO_2F_2となり、沈降する。

秘密裏に行われている再処理の探知は、プルトニウムを抽出するために使用済み燃料が裁断・溶解される際に放出される揮発性の放射性同位元素の上昇値を探知する周辺環境測定で行うことができる。フランスのラ・アーグ再処理プラントでは高度ろ過システムにもかかわらず、植物中の炭素14の上昇がみられ、周辺地域の牛の甲状腺にヨウ素129の上昇がみられた。[21]

再処理プラントが稼働すると、放出される核分裂生成ガスのクリプトン85（半減期11年）のプルーム（訳注：雲のような塊となって移動する気体状の放射性物質）を観測することで、離れたところでも探知することができる。図8.3は日本の東海再処理プラントが1995～2001年の間に放出したクリプトン85の週ごとの報告値と、55キロメートル離れた筑波の気象研究所で測定されたクリプトン85の大気中濃度を同じ時系列でプロットしたものである。このデータから、筑波で毎日クリプトン85の測定を行っていれば、東海再処理プラントで毎年20キログラムかそれ以上の兵器級プルトニウムの（長期にわたる）分離をしたときに、

■図8.3

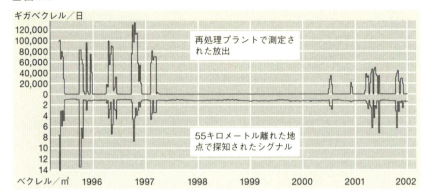

再処理の遠隔探知。日本の東海パイロット再処理プラントでの再処理に起因するクリプトン85の放出報告（軸の上部）、及び同じ時系列で55キロメートル離れた筑波の大気中のクリプトン85の濃度測定（軸の下部）。

90パーセント以上の確率でそれを探知できることが示唆される[22]。これは「有意量」の2.5倍に相当する[23]。もしもっと素早く分離されるのであれば、より少ない量のプルトニウム生産も探知できるだろう。

過去の軍事用再処理と、とくに現在も行われている民生用の再処理によるクリプトン85の全地球レベルのバックグラウンドは、秘密裏に行われる再処理からのシグナルを発見するのをずっと困難にする可能性がある（図8.4）。民生用再処理をすべて終了させれば、やがて地球全体のクリプトン85のバックグラウンド中のノイズがくっきりと取り除かれ、秘密の再処理施設からの放出が容易に探知されることになるだろう。

軍事用核施設の管理アクセス

FMCTの下では、核兵器及び海軍核燃料施設にある既存の核分裂性物質はIAEAの監視を免れるだろう。もしある施設が秘密裏に濃縮または再処理活動を企てていると疑われる根拠がある時は、その施設に核兵器、核兵器の部品、海軍推進炉燃料、または関連原材料があろうとなかろうとIAEAがチャレンジ査察（訳注：疑いがある施設に対し、受入国の承諾を得ずに行う査察）を執行できるようにすべきだろう。

■ 図8.4

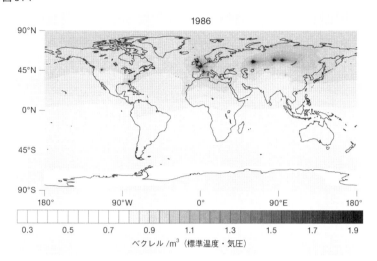

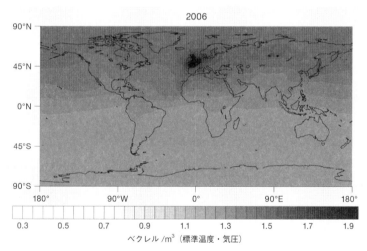

1986年と2006年のクリプトン85の地表濃度の計算値。これらの値は、当時稼働していたいくつかの大型再処理施設からの実際の放出及び推測に基づく情報源を用い、地球大気輸送モデルで計算されたものである。この地図からは1986年（上）と2006年（下）の間の、大規模な再処理活動に起因する世界のクリプトン85のバックグラウンドの著しい増加がわかる。米国政府とおそらく他の国は、他国のプルトニウム生産を推測するために（航空機と地上で空気を採取して）広範囲にわたる測定を行ってきた。

出典：Ole Ross, "Simulation of Atmospheric Kripton-85 Transport to Assess the Detectability of Clandestine Nuclear Reprocessing," PhD thesis, University of Hamburg, 2010.

核保有国は外国の査察官をそのような施設に入れることに神経をとがらせるが、この状況に前例がないわけではない。非核保有国にもまた機微な軍事施設がある。[24] さらに核保有国はすでに1993年の化学兵器条約（CWC）の検証機関である化学兵器禁止機関による、**いかなる**施設へのチャレンジ査察の可能性に備えているはずである。機微なサイトに対してCWCは、関連のない機微な情報を保護する措置を受入国政府に認める「管理アクセス」の選択権を与えている。[25]

CWCの下では、査察官は現場以外でのサンプルの分析は認められていないし、現場解析(on-site analysis)は、条約で特定された潜在的な兵器用化学物質、その存在を示唆する物質及びその分解後の物質の可能性がある時だけ、認められている。査察官はそれらを自動ガスクロマトグラフ質量分析器にかけることができるが、それらのデータベースは受入国によって、特定の化学物質の指標だけを含んでいると確認されたものである。その分析器はまた「ブラックボックス」モードで操作されなくてはならない。つまり、どのような兵器関連の化学物質が探知されたかを決定するために、測定値から生のデータは明らかにせずに、データの内部でのコンピュータ解析の結果だけが明らかになるのである。[26]

ある核保有国の機微な軍事用核施設で秘密裏に遠心分離濃縮が行われている疑いがある場合は、査察官は疑わしい施設の壁に、漏れた六フッ化ウランガスの分解産物であるUO_2F_2を探知できる機器を設置した方が良いだろう。しかし核兵器製造施設あるいは海軍燃料製造施設では六フッ化ウランの存在は期待できない。

もし同じ場所でウランとフッ素を探知した時だけ正の信号が出るようにデザインされた装置を用いるならば、他の物質の存在を明らかにすることなく、UO_2F_2の存在を探知できるかもしれない。IAEAがずっと使用してきたレーザー誘起ブレイクダウン分光法[27]はこれができる可能性がある。そのためには、物質の少量サンプルを原子及び励起イオンに分解される温度に加熱するためにレーザーの使用が不可欠である。その時原子はその内部エネルギーを、存在するそれぞれの元素に特徴づけられる波長を持った光の形で放出する。

海軍燃料サイクル

　第7章で述べたように、少なくとも4つの核保有国は自国の海軍推進炉にHEU燃料を使っている。米国と英国は兵器級ウラン（ウラン235を90パーセント以上に濃縮）を使用し、ロシアとインドは、それより濃縮度の低いHEUを使用している。28 もしこれらの国々が自国の海軍推進炉燃料にHEUを使用し続けるなら、いずれはさらなる生産が必要になる。しかしFMCT発効後に生産されたHEUの使用は、それが兵器に転用されていないことを保証するために監視されることになる。

　原理的には、海軍推進炉燃料サイクルに対する保障措置は、民生用原子炉の燃料サイクルの保障措置に倣ってつくることができるだろう。民生用ではウランはUF_6への転換から、濃縮と燃料製造を経由して炉心に装填、封入されるまで追跡される——そして後にウランは炉心から取り出され、貯蔵施設を経て再処理あるいは地層処分場へ処分される。

　しかし、海軍推進炉の場合は、原子炉あるいは燃料のデザイン情報を外国の査察官にさらすことに神経をとがらせる。確かに米国の海軍推進炉と燃料のデザインに関して機密解除された情報は、米国の核兵器に関する情報よりずっと少ない。29

　IAEAは、海軍推進炉燃料サイクルが核兵器に転用されていないことを検証する課題にまだ対処していない。なぜなら核兵器国だけが原子力艦船を保有し、それはNPTの包括的保障措置を免れているからである。しかし非核保有国のブラジルが原子力潜水艦を建造する決定をしたことで状況は変わりつつある。その原子炉は少なくとも最初はLEUを燃料とすることになっている。30 IAEAは、HEUを生産するのにLEUを原料として利用できるかもしれない秘密の小型濃縮プラントを保有する可能性に対して、防護レベルを下げるために、非核保有国でのLEUの使用を監視している。

　非核兵器国に対する標準的な保障措置合意は「禁止されていない軍事活動」、とりわけ海軍推進力に対しては、保障措置から核物質を除外することを認めている。31 これはNPTにおける「抜け穴」32であり、これがFMCTにもまた含まれる可能性は十分にあるだろう。その時海軍推進炉燃料サイクルは核軍縮を検証するための主要な問題となるかもしれない。

抜け穴のリスクを減らすための最初のステップは海軍推進炉で使用するために蓄えているHEUをIAEAの保障措置の下に置くことである。もしHEUの多くが米国のように過剰な核兵器部品であれば、それを最初に機密扱いされていない形に転換することが望ましい。

　二番目のステップは、もし使用済み海軍推進炉燃料が再処理されないならば、2013年において、ロシアを除く核推進艦を保有するすべての国がそうであるが、それをIAEAの監視下に置くことである。機微なデザイン情報を保護するためにIAEAは燃料中のHEUの量を外部の容器からの中性子検索法（neutron interrogation）によって測定する必要があるかもしれない。もし使用済み海軍推進炉燃料が再処理されるとすれば、FMCTの下では、回収されたHEUは自動的にIAEAの保障措置の下に置かれるだろう。

　これら所要の措置を行っても、海軍推進炉燃料サイクルの中で保障措置の対象とならないHEUの量は膨大である。このことは潜水艦の海軍推進炉が「長寿命」炉心としてデザインされている、つまり、原子炉は30年から40年の間、燃料を取り換えないデザインとなっている米国と英国ではとくに当てはまる。[33] 米国が公表したHEUの在庫履歴によれば、1996年時点の米海軍の原子力推進艦プログラムのHEU保管量はおよそ100トンで、ほとんどが「海軍推進炉心内にあるかまたはそこで使用されてきたか［あるいは］近い将来、燃料に製造される」。[34]

　複雑で機微であるこの状況を考えれば、HEUが海軍推進炉燃料サイクルから転用されていないことを検証するために、受け入れ可能で効果的なアプローチを生み出すための1つの前向きな方法は、保障措置及び海軍原子力推進艦の専門家の間の共同研究の取り組みを行うことだろう。これらの複雑さはまた第7章で述べたように、海軍推進炉をLEU燃料に転換するさらにもう1つの理由になる。

第9章

核分裂性物質の処分

　冷戦の終結以降、ロシアと米国は自国の高濃縮ウランとプルトニウムのかなりの量をいかなる軍事的必要性からも過剰であると公表し、それらを処分することに同意した。余剰HEUの多くはすでに低濃縮ウランに希釈され、余剰プルトニウムを処分する準備も進められている。世界の民生用分離プルトニウムの約3分の1以上相当にあたる約100トンの民生用分離プルトニウムを保有している英国も、またそれらをどのように処分するか積極的に検討している。[1]

　ロシアと米国の核兵器物質のさらに多くが過剰と公表され、処分の対象になるだろう。英国とフランスもまた自国のずっと少ない兵器関連の保有量のかなりの部分を過剰と公表し、処分の準備を始めるだろう。そして、もしロシア、英国、米国、フランスが行ったように、低濃縮ウランを使用する新しい海軍推進炉をデザインすれば、ロシアと米国の海軍が蓄えたHEUもまた段階的になくすことができるだろう。

処分の選択肢に影響を与える要因

　処分戦略を選択する上で、各国は追求すべき不可逆性の程度、核分裂性物質のセキュリティ、コスト、そして国際的な検証可能性を考慮すべきである。

不可逆性の程度

　HEUとプルトニウムの処分の根本的な違いは、HEUは同位体的に「変性させる」ことが可能なのに対して、プルトニウムはそれができないことである。HEUは劣化ウラン、天然ウラン、あるいはLEUと混合して、ウラン235の濃縮度を、爆発的な連鎖反応を維持するには低すぎる6パーセント未満のレベルに

することができる。この低濃縮ウランを兵器に使用可能な物質に戻すにはウランの再濃縮が必要である。

同位体の変性はプルトニウムでは現実的ではない。なぜならプルトニウム同位体のほとんどすべての混合物は爆発的な連鎖反応を維持できるからである。[2] 現在のところ、分離プルトニウムの処分に用いられる主要なアプローチは、プルトニウム酸化物を劣化ウラン酸化物と混合させて混合酸化物（MOX）燃料をつくることである。原子炉内ではMOX燃料の照射でプルトニウムの一部が核分裂し、残りは高放射能の核分裂生成物の混じった残留物になる。使用済みMOX燃料中の残留プルトニウムの回収には厚い放射線障壁の背後で遠隔操作された化学的分離が必要となるだろう。この処分水準は、1994年の米国科学アカデミー（NAS）の余剰兵器用プルトニウムの処分に関する研究の中で「使用済み燃料基準」として記述されている。なぜならそのプルトニウムは、使用済みLEU燃料中のプルトニウムと同じようにアクセスし難くなるからである。[3] NASの研究はまた、使用済み燃料基準はプルトニウムに、元々は［再処理で］分離され、ガラス中で混合固化される核分裂生成物をいくらか混ぜることによって達成し得ると述べている。

原理的には、使用済み燃料基準を超えて、分離プルトニウムをほとんど完全に核分裂させる手段を講じることは可能である。[4] しかし、各国がこれを民生用発電炉の使用済み燃料中にある、はるかに大量のすべてのプルトニウムに対して行う用意がないのであれば無意味だろう。

1世紀ほど経てば、使用済み燃料の周囲に長期にわたるガンマ線フィールドのほとんどをつくり出している核分裂生成物である、30年の半減期を持つセシウム137は大部分が壊変し、使用済み燃料はもはや自己防護的ではなくなる。その時点で不可逆的な処分になるかどうかは、国際的な監視の下で埋設サイトの地下深部に設置されるプルトニウムに耐える母材に依存することになる。

セキュリティ

核兵器に使用されないようにHEUあるいはプルトニウムにアクセスし難くすることは決定的に重大な長期目標であるが、それを貯蔵せずに処理をすることは、短期的にみると盗難の危険性にさらす機会を増やす可能性がある。した

がって各国は関連する取り決めが十分に確保されるまで処分を進めるべきではない。しかし逆に、いつまでも処分が遅らされてはならない。内部の者による盗難、外部からの進入、あるいは政府の統制の喪失など、年あたりでみれば小さなリスクであっても、1世紀にわたって蓄積されれば重大なリスクになり得る。

　テロリストが核分裂性物質を取得する脅威はとくにHEUの場合は深刻である。第7章で述べたように、米国の核物質セキュリティの専門家は、もしテロリストグループが貯蔵施設のHEUにアクセスしたならば、施設の防護部隊が彼らを止める前に、その場で「簡易核爆弾」を組み立てて爆発させることさえできるかもしれないと考えている。

　テロリストグループがプルトニウムを兵器に利用するのは難しいだろうが、不可能であると考えてはいけない。また盗んだプルトニウムを、テロリストグループが爆発または火災によって大気中にまき散らす、放射能兵器として使用する可能性がある。もし都市部で1キログラムのプルトニウムが大気中にまき散らされ、多数の人が全体として計0.1グラムのプルトニウムを吸い込んだとしたら、癌による死者は1,000人程度増加する可能性がある。[5] おそらくこの死者数は統計的には現れないだろう。しかしチェルノブイリ原発事故でヨーロッパ中に1万6000人の癌による死者が出るという予測と同様に、プルトニウムに曝された人々に与える心理的影響は大きいかもしれない。[6]

コスト

　既存のHEUを希釈してLEUを生産する方が、天然ウランを普通に濃縮するより一般的に経済的である（HEUを生産するときの埋没費用（sunk cost）を無視する）。そのため政府は余剰HEUから希釈したLEUを売却することで利益を上げることができる。

　その一方、作業員をプルトニウム吸入の危険から守る必要があるので、プルトニウムをMOX燃料に製造するのは、同量の低濃縮ウランを購入するよりコストがかかる。したがって余剰分離プルトニウムは経済的に価値のあるエネルギー資源ではなく、むしろ処分されるべき危険な廃棄物と考えるべきである。しかし、プルトニウムは将来の燃料であると長い間疑わなかった主要原子力関

連組織にとって、プルトニウムを廃棄物として扱うことは受け入れがたいものである。

国際的な検証可能性

　IAEAは非核保有国の核物質の取得と処分を検証する国際的な責任がある。この監視責任は使用済み燃料が地下深部の地層処分場に処分された後でさえ継続される。IAEAはそのような責任を核保有国に対しては負っていないが、核兵器削減が進展するにつれて責任を負うことが見込まれている。最終的には、核保有国はIAEAに核分裂性物質の生産と処分の完全な計量報告を提出し、IAEAがこれらの公表値を可能な限り検証できるようにしなければならないかもしれない。実は1990年に南アフリカが少量の核兵器を廃絶した際、IAEAはこの検証作業をすでに一度行っている。[7] 大量の核分裂性物質が、廃棄物内に処分されていたり、核実験で消費された核保有国では、この作業はさらに困難になる。ロシアと米国の場合、これらの損失はHEUとプルトニウムともにトンの量に達している。[8]

　米国とロシア（旧ソ連）のうちどちらか一方、あるいは両方が数百発の核兵器を製造するのに十分な物質を隠してきた可能性を排除できるほど、その核分裂性物質の在庫量を正確に再現することは決してできないかもしれない。しかし、もしロシアと米国が過剰と公表した在庫量をなくすのに信頼できる検証がなければ、その不確実性は核弾頭1万発程度相当のリスクを増やすことになるかもしれない。

　冷戦期の過剰なHEUとプルトニウムを処分する戦略を持っているロシアと米国の経験を以下に記述する。

高濃縮ウラン

　ロシアと米国はともに核兵器から回収した過剰なHEUを、天然ウランまたは微濃縮ウランと混合して低濃縮ウランを生産した。それらは軽水発電炉の燃料として使用されている。

ロシア

　1991年10月、まさにソ連が崩壊しつつあった時、米国の独立系物理学者でウラン市場のアナリストであるトーマス・L・ネフ（Thomas L. Neff）は、「ロシア所有の過剰なHEUから得られたLEUの購入を米国が申し出ることで、HEUの秩序ある処分を促進できる」という提案を行った。[9] 2年後、ネフたちがいっそうの努力を重ねた結果、ロシアと米国間で契約が交わされ、平均濃縮度90パーセントのロシアの500トンの余剰HEUがロシアで濃縮度4〜5パーセントのLEUに希釈され、その後、最近民営化された米国濃縮会社に売却され、原子力発電会社に転売されることになった。[10] 希釈率は世界のウラン及び濃縮の市場を混乱させないように年間30トンに制限された。しかし、この制限されたLEUの供給量でさえ、米国の全原子炉の約半数に15年間にわたって燃料を供給するのに十分な量であった。[11]

　核燃料中に含まれる少量の放射性同位体であるウラン234に対して、米国では低い工業濃度基準が存在していたため（その後改定）、ロシアはウラン234の含有量が非常に低い劣化ウランから生産した、ウラン235濃縮度1.5パーセントの混合用材料で自国の兵器級ウランを希釈した。[12] 年間30トンのHEUを希釈するのに必要な混合用材料を生産するには、年間500万分離作業単位（SWU）以上を必要とした。それは天然ウランから直接、低濃縮ウランをつくるのに必要な量にほぼ等しいことになる。しかし、ロシアの原子力機関からすれば、この取り決めは依然として理にかなっていた。なぜなら使用していなかったロシアのウラン濃縮能力で米国の市場を事実上、切り開いたからである。

　ロシアの原子力複合施設内で可能な限り広範囲にわたり、HEU合意に基づく作業を共有するために、HEU金属の削りくずへの加工、酸化物への転換、六フッ化物への転換、そして最終的な希釈といった工程の様々な段階の間で、多くの兵器級ウランが何千キロメートルも輸送された。[13] 非常に多くのHEUを長距離輸送することはセキュリティ上の懸念を高めたが、米国は安全対策が高度に施された車両を提供し、その結果、核物質が盗難されそうになったという報告はされていない。

　希釈協定の一環としてロシアと米国は二国間の検証手段を確立した。米国からの査察官は、希釈施設を含むロシアの施設に年間計24回訪問し、計量機器を

設置してHEUの混合工程の連続的な監視を行った。ロシアもまた査察官を米国に送り、最終的なLEUが再濃縮されることなく発電用燃料に製造されたことを検証する権利を有した。[14]

2013年末までに全部で500トンが希釈された。ロシアは同じ方法で処分できる余剰HEUをさらに数百トン保有しているとみられるが、国内での蓄えとしてHEUを保有しておくために契約の延長を断った。[15] 1つの可能性のある理由はロシアに残っているHEUの多くは、原子炉で生み出されたウラン同位体を含んでいることである。なぜならそのHEUが濃縮される以前にはプルトニウム生産炉の燃料として使用されていたからである。したがって、このHEUを希釈して生産されたLEUは国際基準に適合しないかもしれない。[16]

米国

米国の生産した兵器用HEUはソ連よりも少なく、過剰と公表した量も少ない。さらに米国は兵器用には過剰と公表したほとんどすべての兵器級ウランを将来、海軍推進炉燃料に使用するために蓄えてきた。約181トンの、ほとんどが兵器級未満のHEUが希釈に委ねられた。さらに、2012年時点で、2トンの使用済み研究炉用燃料を再処理し、回収されたHEUを希釈する計画があった。[17]

米国の核兵器のHEUを含む構成部品はテネシー州オークリッジにあるエネルギー省Y-12複合施設で解体される。希釈作業のほとんどは、米海軍の原子力推進艦のHEU燃料も製造している、バブコック・アンド・ウィルコックス社（Babcock and Wilcox Corporation）が請け負ってきた。[18]

2012年末時点で、米国は141トンの余剰HEUを希釈した。1997年から2012年の平均希釈率は年間約10トンであった。しかし、将来的には米国の核弾頭と構成部品の解体工程がボトルネック（支障）となって希釈率は下がる見込みである。残りの42トンの希釈が2030年までに完了すると決まったわけではない。[19] 米国はそのHEU希釈作業の、全部ではなく一部を監視するようIAEAを招いている。

分離プルトニウム

2000年、ロシアと米国は、それぞれが少なくとも34トンの「核兵器開発プロ

グラムから取り出された」兵器級プルトニウムの処分を約束する、プルトニウム管理・処分協定(PMDA)を締結した。[20]米国はまた国家安全保障上の必要に対してさらに20トンの分離プルトニウム、及び政府が所有している使用済み燃料に含まれる7.8トンのプルトニウムが過剰であると公表した。[21]核兵器用には過剰と公表された物質中には、エネルギー省のすべての非兵器級プルトニウム(14.5トン)が含まれている。[22]

余剰兵器級プルトニウムを処分するのに利用可能な選択肢は、上述した米国科学アカデミーによる主要な研究の中で検討されてきた。その研究は次の2つの処分選択肢が当面は最も適していると結論づけた。
1．プルトニウムを元々分離した再処理施設の1つで、核分裂廃棄物とともにガラス内でプルトニウムを固形化する（"ガラス固化"）。
2．プルトニウム酸化物を劣化ウラン酸化物に混合して混合酸化物（MOX）燃料を製造し、米国の軽水炉でこの燃料を照射する。

ガラス固化されたプルトニウム混合廃棄物あるいは使用済みMOX燃料は、次に地層処分場での最終的な処分を待つ間、保管されるだろう。[23]

しかし、ガラス固化ではプルトニウムは兵器級のまま残るので、ロシアの原子力機関は米国の採用するガラス固化に異議を唱えている。米国はそのため、処分協定にしたがって34トンのプルトニウムのうち少なくとも25トンをMOXの中で処分することに合意した。

プルトニウムを吸入すると癌にかかるリスクが非常に高いため、MOX製造は少なくとも大気圧未満で稼働するグローブボックス内で行われる必要がある（図9.1）。扱っているプルトニウムが大量の時はまた厳格な核物質の計量、制御、及び

■ 図9.1

英国のセラフィールドのMOX燃料製造施設のグローブボックス。施設は10年間、設計能力のわずか平均1パーセントしか稼働することができなかったことで2011年に閉鎖された。プルトニウムの取り扱い作業はプルトニウム吸入の危険から作業員を守るために、遮蔽された密閉グローブボックス内で行われる。
出典：英国原子力廃止措置機関（NDA）。

第9章 核分裂性物質の処分　157

物理的なセキュリティ対策が必要である。

　全炉心をMOX燃料にした1ギガワット（GW）規模のLWRは毎年1トンの兵器級プルトニウムを照射することが可能である。[24] しかし、制御システムがMOX燃料用にデザインされていないので、ほとんどのLWRはその炉心に約3分の1のMOX燃料しか使用できないという制限がある。このことは、1GWの原子炉は1年間に1/3トンの兵器級プルトニウムしか照射できないことを意味する。

　PMDAの下では、処分は2007年までに開始され、両国とも毎年2トンまでその処分ペースを急速に増やすはずであった。しかし遅延のため協定は2010年に修正された。プルトニウムの処分の開始は2018年まで先送りされ、年間の処分目標値は最低年間1.3トンに減った。[25]

　ロシアと米国のプルトニウムの処分は二国間で、またIAEAによって検証されることになっていた。最初のPMDA、及び修正されたPMDAの両方によれば「双方は指揮をする権利及び活動の監視と査察を受け、また査察を支援する義務を有する……［そして］早期に、国際原子力機関（IAEA）との協議を開始し、検証手段を実行できるIAEAと適切な合意を結ぶためにその他の必要なあらゆる対策を講じる」。しかし、2013年末時点で監視の合意はまだできていない。[26]

ロシア

　ロシアの原子力機関は、民生用プルトニウム及び増殖炉開発プログラムに使用する過剰な兵器用分離プルトニウムのすべてを常に蓄えることを優先にしてきた。にもかかわらず、2000年に、もし米国とその同盟国がMOX燃料製造技術とそのプログラムへの十分な資金を提供するならば、その過剰な核兵器プルトニウムのほとんどを軽水炉用のMOX燃料内で照射することに同意した。[27] しかし、米ロ両国のMOX加工プラント建設コストの見積もりが同時に上昇した[28]にもかかわらず、米国とその同盟国がロシアのプルトニウム処分プログラムのために進んで提供する資金は増加しなかった。結果として、2000年のPMDA修正で米国は、ロシアが過剰な兵器級プルトニウムを既存のBN-600増殖原型炉及び建設中のBN-800増殖炉で照射できるようになることに同意した。[29]

米国は多くの条件を変更するこの取り組みを支援するのに4億ドルを提供することを約束した。その際、米国が要求した条件は、34トンの余剰兵器プルトニウムをすべて照射し終わるまで、照射された増殖炉使用済み燃料（余剰兵器プルトニウムでつくられた）からロシアがプルトニウムを分離しないことであった。増殖炉で生み出されたプルトニウムの分離に対するこの規制は、増殖炉の炉心の周囲のウラン「ブランケット」で生み出されたプルトニウムへと拡張された。なぜなら炉心から発生する中性子はこれらのブランケットで兵器級プルトニウムを生み出すからである。

米　国

これまで述べてきたように、米国は最初、ガラス固化とMOX燃料の両方のルートを探求する二重アプローチを採用した。ガラス固化の道筋は、最初に円柱形のセラミックに組み込まれたプルトニウムが金属缶内に置かれる「内缶キャニスタ法（can-in-canister）」となった。缶は大型のキャニスタ内の棚に置かれ、キャニスタはガンマ放射線バリアをもたらす核分裂生成物を混合した融けたガラスで満たされる。これらすべては、元々米国の核兵器用プルトニウムの多くを生産してきた、サウスカロライナ州のエネルギー省サバンナリバー・サイトで行われるだろう。

2002年、ロシアが米国にも、ほとんどのプルトニウムを照射するよう要求したので、米エネルギー省は、二重アプローチはコストがかかりすぎるとしてガラス固化行程をあきらめた。[30] しかし、2013年初めの時点で、米国のMOX燃料製造施設のコスト見積もりは2002年の10億ドルから77億ドルへと増加した。その施設と関連する廃棄物固化建屋の建設及び運転に予想されるコストは22億ドルから180億ドルに膨れ上がった。これらには過剰な核兵器ピットからプルトニウムを取り出すコストは含まれていない。MOXプラントを運転する期待コストは、合意された34トンのプルトニウムを処分する15年間にわたって5億ドル／年まで増加した。[31] MOX燃料は約20億ドルの価値のある700トンのLEUを置き換えることになる。

さらに、米国のどの原子炉でMOX燃料を燃焼させるかは不透明なままとなった。ウラン燃料ではなくMOX燃料を使用することで規制当局の承認が必

第9章　核分裂性物質の処分　159

要なこと、MOX燃料の性能に関する未解決の問題、そしてそれを使うことで予想される国民の反対に対する懸念が業者にあるので、エネルギー省はMOX燃料を使う業者に大幅な値引きを提示した。それでも、取り組みから10年後、MOX燃料の使用に前向きな民間業者は見つからなかった。最終的に、2013年初め、オバマ政権はMOX燃料としての使用を通じたプルトニウム処分に代わる案を検討していると発表した。[32]

主要な代替案は次のとおり。

- 希釈して、ニューメキシコ州の南東の地下650メートルの岩塩層を削ってつくった空洞内の放射性廃棄物隔離パイロットプラント（WIPP）に処分されるプルトニウム汚染廃棄物といっしょに処分する
- 高レベル廃棄物ガラス内で固形化する内缶キャニスタ法に戻る
- セラミック内でガラス固化し、掘削孔深部に処分する（以下を参照）

民生用プルトニウム

世界の民生用分離プルトニウム約271トンのほとんどはフランス、インド、日本、ロシア、英国（図9.2）の再処理プラントにある。その分離は元々プルトニウム増殖炉の起動用燃料として使用されることを見込んで始まった。ロシアとインドでは分離された民生用プルトニウムはいまもなおこの目的のために蓄えられている。しかしフランスでは増殖炉がない中で、分離プルトニウムは軽水炉用のMOX燃料としてリサイクルされている。日本は同様の計画を長い間持ち続け、英国も同様にその選択肢に重点を置いてきた。

2001年、英国は海外の再処理顧客用に、契約により分離されたプルトニウムから燃料を生産するMOXプラントを、セラフィールド・サイトに完成させた。プラントは年間120トンのMOX燃料を生産する設計になっていたが、その後10年にわたって、基準を満たしたMOX燃料はわずか14トンを生産するのがやっとだった。[33] そのため、2011年8月、英国政府はそのプラントを廃止すると発表した。[34]

しかし、その後すぐに英国政府は自国のプルトニウムを処分するために新しいMOXプラントを建設する仮決定をしたと発表した。[35] MOX燃料製造プラントの失敗にもかかわらず、英国のエネルギー・気候変動省がMOXの選択肢を支

持し続けるのは、フランスのアレバ社のMOX燃料製造プラントがうまく稼働しているためと思われる。[36] しかし、まだ英国ではMOXを利用するのに解決されていない問題があった。現在のところ英国には1基の軽水発電炉しかなく、照射できるプルトニウムは年間にわずか0.5トンでしかない。[37] 妥当な期間内に100トンのプルトニウムを照射するのに十分な数のLWRを建設できるかはまだ不明である。

■図9.2

英国のセラフィールド再処理サイトにある2つのプルトニウム貯蔵施設のうちの1つ。ロッカーは別々になっていることで臨界事故を防ぐ。
出典：IAEA ImageBank.

しかし、同時に英国の国立原子力研究所は、MOX燃料として使用するには、不純物が多く、純度を上げるにはコストもかかりすぎると推定されるプルトニウムについて、それを化学的に固化する生産ラインを立ち上げた。計画されている固化の形態はジルコノライト（zirconolite）とパイロクロール（pyrochlore）の2つのセラミックの混合物で、放射線による長期間にわたるダメージと水の浸出効果に耐性があり、プルトニウムをその場に留めておくことができる。廃棄物の形状は高圧高温（1,000気圧、1,100〜1,320℃）下の静水圧プレスを8〜9時間かけることで形成される。[38]

英国がプルトニウム処分の最終決定を行う用意ができる時までに、国立原子力研究所のプロジェクトは固化を確かな選択肢として確立するかもしれない。

直接処分という選択肢

比較的単純な検討の結果、直接処分はMOXのルートよりもずっとコストがかからず手間もかからないと考えられる。したがって直接処分は大いに検討に値するものである。

第9章 核分裂性物質の処分　161

MOX燃料のペレットはそれぞれわずか約1グラムのプルトニウムを含み、ジルコニウムの長い管の中にぴったり入って積み重ねられるように精密に機械加工される必要がある。そのようなペレットを、膨大な数、製造しなければならず、100トンのプルトニウムを処分するには、およそ1億個になるだろう。これに対して、直接処分のためにデザインされた廃棄物の形状は約1キログラムのプルトニウムを含むことができ、MOX燃料ペレットのような精度で機械加工される必要もない。[39] 廃棄物の形状はまた使用済みMOX燃料よりも地下での耐久性がずっと高くなるようにデザインすることができる。直接処分のパッケージは使用済み燃料とともにキャスクの中に埋設されることも可能である。

　もう1つの埋設オプションはプルトニウムを低浸出性（low-leachable）のセラミック内に埋め込み、使用済み燃料の地層処分場よりもずっと深い掘削孔に処分するものである（図9.3）。最新の石油掘削技術によれば、現在計画している地層処分場よりも10倍深い、5キロメートルの深さまで掘削孔を掘ることができる。この選択肢はプルトニウムと使用済み燃料の両方を処分するために研究されてきた。[40] 固化したプルトニウムの深部掘削孔処分は使用済み燃料よりも容易にちがいない。なぜなら廃棄物の形状をずっと小型で頑丈にでき、強烈なガンマ線を放出しないおかげで作業員の放射線線量を心配しなくて済むからである。[41]

　1本の掘削孔で数トンのプルトニウムを処分できるかもしれない。[42] この構想の魅力的な特徴は、その単純さ、プルトニウムを回収することの困難さ、そしていかなる深部掘削活動に対しても商業衛星画像の利用を含めて、サイトを遠隔監視できることである。また掘削孔は、掘られた地層処分場よりもずっと短い時間しか開いていないので、検証作業が単純になるだろう。

　米国の分離プルトニウムのいくらかはすでに直接処分されている。なぜならそれは非常に不純物が多いか、あるいは他の廃棄物で希釈されているため、MOXでの処分が非常に難しいとみられたからである。2009年9月末時点で米国は4.8トンと見積もられるプルトニウムをニューメキシコ州の放射性廃棄物隔離パイロットプラント（WIPP）で処分した。[43] WIPPは、とくに核兵器開発プログラムから出る廃棄プルトニウムを処分する認可を受けて稼働中の、地下深部処分場である。2012年には、エネルギー省がさらに6トンのプルトニウムを

■ 図9.3

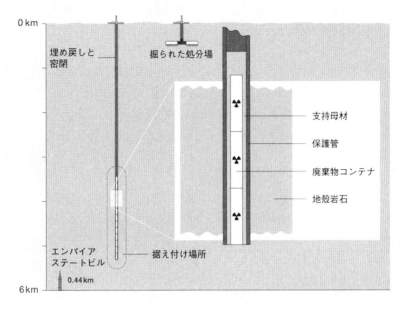

プルトニウム、高レベル放射性廃棄物、あるいは使用済み燃料の深部掘削孔処分の概略図。深さ５キロメートルの掘削孔はプルトニウム、高レベル放射性廃棄物、あるいは使用済み燃料をコンテナに据え付けた物質といっしょに３キロメートルより深いところに非可逆的な処分をするために使用される。掘削孔の保護管とコンテナの間の隙間はベントナイト粘土あるいはセメントのような高密度物質で満たされる。充填剤は据え付けられた廃棄物に水が届くのを防ぐ役割をする。掘削孔の上部３キロメートルは粘土、セメント、あるいは他の物質で密閉される。プルトニウム及び使用済み燃料の備え付けは国際的な監視の下で行われるだろう。また縮尺目盛りとして、考えられている核廃棄物用に掘られた典型的な500メートル深さの地層処分場及び、ほぼ400メートル高さのニューヨークのエンパイアステートビルが示されている。

出典：William G. Halsey, Leslie J. Jardine, and Carl E. Walter, *Disposition of Plutonium in Deep Borehole*, Lawrence Livermore National Laboratory, UCRL-JC-120995, 1995; Fergus Gibb, N. A. McTaggart, K. P. Travis, D. Burley, and K. W. Hesketh, "High-Density Support Matrices: Key to the Deep Borehole Disposal of Spent Nuclear Fuel," *Journal of Nuclear Materials* 374 (2008): 370-377.

重量で10パーセント未満に希釈してWIPPに輸送する提案を行った。[44] 2013年末時点でWIPPにおける米国のプルトニウム廃棄物の処分に対する国際的監視は行われていない。

可能な限り非可逆的で、安全で、経済的で、そして検証可能な処分の選択肢

がますます必要となるだろう。もっと多くの核兵器用プルトニウムとHEUが過剰であると公表できるかもしれない。第4章で報告したように、米国はいまもなお1万発の核弾頭を製造するのに十分な量の、兵器に利用できるHEU及びプルトニウムを保有している。それは2010年のNPT再検討会議で公表したおよそ5,000発の運用可能な核弾頭（訳注：作戦配備及び作戦外貯蔵の合計。2015年のNPT再検討会議で米国は4,717発と公表した）に必要な量の2倍に等しい。ロシアはおそらくおよそ同数の運用可能核弾頭を保有しているが、核兵器に利用できるHEU及びプルトニウムは米国の2倍の量を保有していると推定されている。

　したがって、たとえこれ以上の核軍縮がなくても、米国とロシアは自国の核兵器物質のそれぞれ半分、4分の3を過剰だと公表できる可能性がある。もしそれぞれが5,000発から1,000発以下へと核弾頭を減らせば、残りのほとんどは過剰であると公表し得る。2013年初め、米国は核兵器のさらなる削減に関する協定をロシアに求めるつもりであり、その想定目標は配備戦略弾頭1,000〜1,100発であると表明した。[45]

　民生用プルトニウムを処分する課題も大きくなっている。例えば、2011年3月の福島原発事故前は、日本はその分離プルトニウムのリサイクルをMOX燃料で行う計画だった。しかし、地域の安全性への懸念からプログラムはすでに10年遅れていた。事故後、日本のMOXプログラムはさらにいっそう不確実なものになった。このような状況は、プルトニウムの直接処分という代替案を開発し、これ以上の分離をやめるための、さらにもう1つの理由になる。[46]

第10章

結　論：核兵器の解体から廃絶へ

　核分裂性物質の生産と核兵器の発明は人類史に新たな時代をもたらした。それは世界規模の大惨事になる危険性を抱えた時代である。1945年6月、世界で最初のウラン濃縮プラントが数十キログラムの高濃縮ウランの生産を開始し、最初のプルトニウム生産炉がキログラム量のプルトニウムをつくり出したことで、ジェイムス・フランク（James Franck）らが率いるマンハッタン・プロジェクトの科学者グループは、米国政府に「原子力開発は過去のすべての発明よりも限りなく大きな危険をはらんでいる」と警告した。[1]

　シカゴ大学を拠点にした科学者グループの中に、核分裂連鎖反応を最初に思いついたレオ・シラードとプルトニウムの発見者の1人であるグレン・シーボーグがいた。彼らは、米国は核分裂性物質と核兵器を永遠に独占しておくことはできないだろうと、次のように強調した。「競争している国に対して原子力の基本的な科学的事実を秘密にしておくこと、あるいはそのような競争に必要な原材料を買い占めることでは、核軍備競争を避けることは望めない。……他の国々が、われわれの現在の有利なスタートに追いつくには3年か4年かかり、そしてもしこの分野でわれわれが集中的な取り組みを続けたとしても、8年か10年で肩を並べられるだろう」[2]。

　科学者たちは、各国が最初は平和利用を望んで新しい核技術と核物質を開発しようとするかもしれないと認識した上で、「平時の原子力産業を軍事生産に転換させること」による核兵器拡散の危険性を警告した。核拡散と核軍備競争のリスクを回避するために、彼らは核兵器の廃絶と核分裂性物質の生産手段を国際管理の下に置くことを提案した。[3]

　これらの分析と提案は1年後、アチソン＝リリエンソール（Acheson-

■ 図10.1

1949年9月、米ソの核軍備競争の始まりの記事を読むレオ・シラード（1898～1964）。彼は核軍備競争を心配し、警告した。

出典：アルゴンヌ国立研究所。AIP Emilio Segre Visual Archivesの厚意による。

Lilienthal）リポート、その大部分はロバート・オッペンハイマーの執筆だったが、として知られている原子力の国際管理に関する米国の公式報告書の中でさらに発展した。報告書は「破壊用に容易に転換可能な原子力開発における国どうしのライバル関係が困難さの核心だ」と主張し、ウラン鉱山、ウラン濃縮施設、そしてプルトニウム分離施設を国家単位の管理に依存することは、核兵器拡散の抑制を不可能にしてしまうだろうと警告した。そのため報告書は、核分裂性物質とそれらのすべての生産手段は国際的な所有及び管理の下に置かれるべきだと提案した。[4]

しかし、冷戦はすでに始まっており、その意味で国際管理という理念を実現するのは不可能だということが明らかになった。ソ連が1949年に最初の核兵器の実験を行ったのである（図10.1）。

米国とソ連の手に負えない核軍備競争の結果、それぞれの核戦力は核弾頭3万発以上になった。[5]それが終了したのは40年後だった。1986年、ソ連の指導者ミハイル・ゴルバチョフ（Mikhail Gorbachev）と米国大統領ロナルド・レーガンがレイキャビック会談で、核兵器のない世界を目標とすることに合意した。その時からロシアと米国の核戦力は数万発から数千発の核弾頭へと減少してきた。しかし、冷戦の間に、そして冷戦が終了して数十年の間に、核保有国は9カ国に増え、原子力開発プログラムの一環である濃縮技術と再処理技術の普及はさらに「事実上の」核保有国を生み出した。1968年に合意された核不拡散条約はその潮流を遅くはしたが止めることはできなかった。

2014年末時点で、世界におよそ1,875トンの核分裂性物質が、冷戦と原子力開発プログラムの遺産として残された。それは約1,370トンの高濃縮ウランと505トンの分離プルトニウムからなる。長崎原爆の最新型デザインでは、4キログラム未満のプルトニウムあるいは12キログラム未満の高濃縮ウランで製造

可能なので、この世界中の核分裂性物質保有量は10万発以上の核兵器に十分な量である。

　世界の核分裂性物質の約97パーセントを核保有国が保有している。900トンを超える量がいまもなお核兵器、あるいは関連生産施設内にあり、ほとんどが米国とロシアにある。そして約162トンの高濃縮ウランが海軍原子力推進艦プログラムに割り当てられている。しかしこれらの依然として大量にある在庫量をさらに削減するようにという圧力はそれほど強くはない。2001年9月11日の同時テロの後に増加した、核テロに対する懸念から、最初にHEUを燃料とする研究炉の数を削減することになった。

　本書の最初の方の章では、世界の核分裂性物質の規模と実態、それらがもたらす脅威、そして原子炉燃料用の核分裂性物質の在庫量と、その使用の劇的な削減を追求し得る現実的な政策ステップをまとめた。この最後の章では概観と要約に加えていくつかの追加提案を行う。

　われわれの提案する核分裂性物質の危険性を削減するアプローチには2つの基本的な要素がある。1つは、軍事用及び民生用の核分裂性物質保有量に上限を定めた上で大幅に削減する必要があること。2つ目は、すべての国々における核分裂性物質の規制は、目標は遠いかもしれないが、あたかも世界が完全な核軍縮の準備を進めているかのように取り組まれるべきだ、ということである。両方の進展のためには、核保有国が自国の政策と予算を通して核軍縮義務を果たす意向があることを示す必要がある。これは核不拡散体制と、民生用原子力プログラムを通して核兵器の選択肢を取得することに反対する国際社会の決意を強固にするだろう。

　核分裂性物質政策の次の4つの主要分野において、新たなイニシアティブを提唱する。

1. 核戦力の大幅削減を容易にするために、核弾頭及び核分裂性物質保有量の透明性を高める。
2. 軍事用及び民生用のHEUとプルトニウムの新たな生産を中止し、それらの原子炉燃料としての使用を段階的に終わらせる。
3. 可能な限り不可逆的な方法で核分裂性物質を処分する。
4. これらすべてのステップで、効果的な国際的検証を実施する。

核の透明性を高める

　NPTの締約国である非核兵器国は、自国の核分裂性物質及び他の核物質をすべて国際原子力機関（IAEA）に申告し、これらの申告施設はIAEAの検証にしたがう。1997年から、NPTの5つの核兵器国（中国、フランス、ロシア、英国、米国）は自国の民生用プルトニウムの在庫量をIAEAに毎年公表している。フランスと英国は、民生用HEUの在庫量も公表している。しかし軍事用在庫量の公表については非常にばらつきがある。米国は核分裂性物質保有量及び特定施設の年間生産データを含む、個別の生産履歴を詳細に公表している。英国はHEU及びプルトニウムの総量だけを報告し、それほど詳細な公表はしていない。他の7つの核保有国は自国の軍事用の在庫については全く公表していない。

　すべての核保有国はもっと透明性を高める必要がある。[6] 最初のステップとして、それぞれの核保有国は、最近の特定期日に自国が保有しているHEUとプルトニウムの全量を公表し、その後の毎年の保有量の更新を約束すべきである。長期的には、すべての核保有国は自国の核分裂性物質及び核弾頭の保管履歴を網羅する値を公表すべきである。このことは、検証可能な核軍縮に対して核兵器国が行う約束の信頼性を高め、核不拡散体制を強化することになるだろう。

　まさに核の透明性に踏み出している国々では、最初は、HEUまたはプルトニウムのどちらかの情報か、ある特定の生産サイトの情報か、あるいはある特定期間における生産履歴のデータの情報を選択して公開することで、透明性を一歩一歩高めることができる。しかし、現在の核弾頭及び核分裂性物質の保有量をさらに大幅に削減するには、現在と過去の生産施設におけるHEUとプルトニウムの生産履歴を再現できる詳細かつ、できるだけ完全なデータを提供することが必要である。[7]

HEUとプルトニウムの生産及び燃料としての使用を終わらせる

　兵器及び非兵器の両方に使用する核分裂性物質の生産を終わらせることは、核兵器と核分裂性物質のない世界に向けた、もう1つの決定的に重要なステップである。冷戦の終結で、米国、英国、フランス、ロシアはすべて、兵器用の

核分裂性物質の生産を永久に停止したと公表した。中国はそのような公表は行っていないが、20年以上、生産を中断している。軍事用生産はインド、イスラエル、パキスタン、そしておそらく北朝鮮で続いている。核分裂性物質カットオフ条約（FMCT）の交渉は1996年のジュネーブでの軍縮会議で開始されるはずだった。しかし交渉課題に関する必要な合意は、時に１つの国によって何度も阻まれた。2013年末時点で交渉は始まっていない。

　カットオフ条約加盟国の最低限の義務は、兵器用の核分裂性物質を生産しないこと、そして既存の軍事用の核分裂性物質生産施設を廃止あるいはそれらを非兵器目的に転換することになる。NPT核兵器国が兵器用の核分裂性物質生産のために建設した多くのウラン濃縮プラントと再処理プラントはすでに閉鎖あるいは廃止されている。稼働している施設はイスラエル、インド、パキスタン、そしておそらく北朝鮮だけである。

　検証規定を持つ（カットオフ）条約では、締約国は同様に、自国の濃縮及び再処理施設と、それらが生産した、あらゆるHEU及び分離プルトニウムの国際監視の受け入れを約束することになる。FMCTを検証する技術的な課題は、非核兵器国でNPTを検証するのに使用するものとほぼ同じである。新しい課題は、海軍推進炉燃料サイクルからHEUが転用されていないことを検証し、申告していない濃縮あるいは再処理活動がそこで行われていないことを検証するために、核兵器製造サイトと海軍推進炉燃料製造サイトにおける、国際査察者の管理アクセスの取り決めを確立することだろう。

　冷戦期間中に製造された過剰な核兵器の解体から出る膨大なHEU在庫量があるので、ロシア、米国、あるいは英国も数十年にわたって新たな海軍推進炉燃料用のHEUを生産する必要はほとんどない。インドはHEUを燃料とする運用可能な潜水艦を１隻保有しているが2013年時点ではまだ試験航海中であり、今後10年でさらに数隻を就役させる計画である（訳注：１隻目のアリハントは2016年８月に就役した）。したがって、海軍推進炉燃料として使用しているHEUをLEUに実際に転換した国は少ないが、燃料目的のHEU生産を国際的に一時停止することができるはずだ。研究炉のHEU燃料をLEU燃料に転換する際には同様のプロセスがうまく機能した。これらのステップは世界中のすべてのHEU燃料の使用を段階的に廃止していく基礎になるものである。

冷戦期の核戦力の縮小で過剰となった兵器用プルトニウムの保有量も膨大にある。そして元々プルトニウムを燃料とする増殖炉を設置しようとした少数の国は、大規模な再処理による民生用プルトニウムがいまもなお大量にある。しかし、原子力発電の最も楽観的な成長予測のもとでさえ、1世紀以上利用できる低コストのウランが依然として残っている。これは原子炉燃料として使用するための、コストのかかるプルトニウム分離は競争にならない状態が続くことを意味する。

ロシア、中国、インドは依然として増殖炉の研究開発を行っている。しかしロシアは、今後何十年にわたって、増殖原型炉の燃料をすでに分離したプルトニウムに依存し得る。中国はまだ大規模な増殖炉開発プログラムを立てておらず、展望はないようだ。インドでは増殖炉の推進派が核エネルギーの研究開発に関する政策をコントロールし続けている。増殖炉開発プログラムはフランスと日本では失敗したにもかかわらず、それらの再処理政策を覆すことは難しいことが明らかになっている。しかしほとんどの国々は、少なくとも数十年の間、再処理を一時停止することを支持し、抵抗する国々に同様な行動をとるよう共同で圧力をかけるかもしれない。

非常に少数の核兵器と非常に少量の核分裂性物質しか存在しない世界にとって、そして間違いなく核兵器と核分裂性物質のない世界にとって、原子力に依存することは、世界の安定性と検証可能性に重要な意味を持つようになる、という認識が広まりつつある。やがて原子力を完全に見合わせる決定がなされるかもしれない。フランク報告と後のアチソン＝リリエンソール報告が強調するように、核軍備が撤廃された世界では、原子力の産業基盤が存在することで国家が核兵器を取得する時間が危険なまでに短くなるだろう。このリスクを考えると、完全に原子力なしでやっていく世界が必要かもしれない。

核分裂性物質をなくす

500トンのロシアの兵器級HEUを発電炉用燃料のLEUに希釈する、1993年の米国とロシア間の画期的な協定によって、大量の高濃縮ウランが世界からなくなった。この協定は2013年に完了した。同期間に米国は、140トンを超える、ほとんど非兵器級のHEUをなくした。

もし米国とロシアが自国の核戦力をそれぞれ1,000発の核弾頭まで削減し、自国の海軍核推進艦をLEU燃料へと移行すれば、さらに1,000トンのHEUを過剰であると公表でき、LEUへと希釈できるであろう。[8]

　過剰な兵器プルトニウムの処分は困難なことは明らかで論争にもなっている。計75トンの兵器プルトニウムが過剰であると公表され、いまもなお処分待ちとなっている。米ロのプルトニウム管理・処分協定は2000年に調印されたが、2013年時点で、まだ処分されたものはない。しかし問題ははるかに大きいのである。2014年の世界の民生用プルトニウム保管量は約271トンで、核兵器のプルトニウム量のほぼ2倍であるという事実は、民生用プルトニウム利用プログラムの危険性の深刻さを証明している。

　これまでのところ、プルトニウムを処分する主要な手段はそれを原子炉用のウラン・プルトニウム混合酸化物（MOX）燃料として使うことである。しかし、ほとんどの国々では、この選択肢は高価で困難であることが明らかになっている。2013年初め、米国はガラス固化プルトニウムを直接処分する可能性を見直すよう要求した。分離プルトニウムを保有する他の国々もまたガラス固化の選択肢を検討すべきである。プルトニウムを数キロメートル深部の掘削孔に置くことは実行可能な選択肢になり得る。

包括的検証システム

　各国が核軍縮の方向へ乗り出して核戦力の大幅削減に取りかかる時、すべての核分裂性物質を計量し、生産と処分を検証する包括的な手段を確立することが決定的に重要である。[9] これはとてつもない難題である。そのような検証を行うための協調的なアプローチを開発する作業が緊急に求められている。

　1つの主要課題は、まだ解体される前のすべての核弾頭と核分裂性物質を含む兵器部品に取り付けることのできる、信頼性のあるタグを開発することである。そのタグは国際的な保障措置の下で、解体から核分裂性物質の最終処分まで、弾頭と部品を追跡できなければならない。[10]

　すべての核弾頭とキログラム以上の核分裂性物質が公表されている、という信頼性もまた構築される必要がある。課題の答えの一部は「核考古学」であり、それは過去の生産サイト、関連記録及び廃棄物質の核鑑識分析を含んだ検証を

するアプローチである。[11]

　核分裂性物質生産データを将来、検証しやすくするために、核保有国は以下のことを約束すべきである。過去の稼働記録と廃棄物質の目録をつくって保存し、国際査察団がそのサイトの特徴を明らかにできること、将来の分析のためのサンプルを取り出すまでの間は、過去の核分裂性物質生産サイトの廃止措置にも、相当量の核分裂性物質を含む廃棄物の処分にも着手しないこと。残念なことに、いくつかのサイトはすでに手遅れであるが、ほとんどはまだ取り壊されていない。

　手始めに、核保有国はかつての核分裂性物質生産施設を、核考古学的アプローチと技術を共同で開発するための試験台として提供し、アプローチと技術を検証する「サイト間訓練」に参加する、同様の施設を所有するパートナーを招待することもあり得る。

　公表された核弾頭と核分裂性物質――とりわけロシアと米国の膨大な在庫量――の履歴を検証することは膨大な作業になる。過去の生産の検証をする際には、そして未公表の核弾頭及び秘密施設の存在を除外する際には、不確かさは避けられない。したがって、技術的な検証は、すべての核分裂性物質と核弾頭が完全に計量され、秘密裏に生産されたものはないということを確かめる他の手段によって補完される必要がある。国々が互いの公表値の正確さと完全性の点で信頼を得るには何年もかかるかもしれない。

　技術的な検証をする１つの補完的なアプローチは「社会的検証」と呼ばれる。レオ・シラードが第二次世界大戦中に、戦後の米ソ間の核軍備競争を防ぐために可能な国際管理を検討した際に、最初にその重要性を主張した。[12] 彼の提案の１つは科学者と技術者の良心に訴えることだった。[13] 核軍縮に世界がコミットすれば、科学者と技術者は自国の秘密核兵器開発プログラムで働かず、いかなるそのようなプログラムも内部告発することが十分に予想できる、という状況をつくり出すだろう。[14] 核兵器のない世界の検証との関連で、社会的検証を精力的に提唱したのは、後のロートブラット（Joseph Rotblat）卿だった（図10.2）。彼はマンハッタン・プロジェクトに参加した科学者で、核兵器廃絶のためのパグウォッシュ科学者運動を共同設立した11人のうちの１人で、1995年のノーベル平和賞スピーチで科学者たちに「人類に対する自分たちの社会的責任を忘れないで」と呼びかけた。[15]

社会的検証が有効であるためには、そのような告発がすべての市民の権利であり義務であると広く認められなければならない。この目的を達成するためには、核軍縮条約には、国際機関に違反を告発する権利が必要であり保証される旨の国内法の制定を義務づける条項が含まれるべきである。[16]

シラードとロートブラットが想定した、国民から地球市民への視点の変化は歴史的前例がないわけではない。それは奴隷制度の廃止の成功である。奴隷制度は多くの国々で数百年の間、法的に定められた国家経済と社会的価値の土台であった。奴隷制度は共通の人間性への侮辱であり、生まれながらのものではなく必要でもないという考えに転換するという、重要な措置で達成されたのである。しかしこの成功は、奴隷制度に反対する活動家たちと志を同じくする政治指導者たちの何世代にもわたる持続的な取り組みを通してのみ勝ち取られたものである。しかし、核の脅威は差し迫っており、人類にはあまり時間はない。[17]

■図10.2

ジョセフ・ロートブラット（1908〜2005）。マンハッタン・プロジェクトに参加した科学者で、パグウォッシュ科学者運動の創設者の1人。社会的検証の強力な支持者。ノーベル平和賞受賞者であるロートブラットは、イスラエルの内部告発者モルデハイ・バヌヌの主要な支持者であり、バヌヌがイスラエルの核兵器プログラムを暴露したのは良心にしたがった行動だと主張した。
出典：Peter Hönnemann.

核分裂性物質の時代を乗り越える

デンマークの物理学者ニールス・ボーアは1944年7月の米国大統領フランクリン・D・ルーズベルトに宛てた手紙の中で、来るべき核分裂性物質の時代の脅威を警告し、「……新しい分裂性物質の使用を制御する何らかの合意が近いうちに得られないかぎり、いかなる当面の利益がどんなに大きくても、人類社会に対する永遠の脅威の方が上回るようになるだろう。」と主張した。[18]その時から核軍縮を求める世界的規模の運動が出現した。それは核の脅威に関して同胞を組織・教育し、核兵器のない世界をつくり出す取り組みをしている多くの

国々の指導者たちを連携させた。[19]

　大きな成功はあった。1946年1月に可決された、国際連合総会のまさに第1号決議は核兵器を廃絶する計画を要請した。国際世論の圧力により、広島・長崎の破壊以降、戦争では1発の核兵器も使用されなかった。圧倒的多数の国々が核兵器を求めない選択を行い、世界の国々の半数以上が非核兵器地帯条約に参加している。それはいまやアフリカ、ラテンアメリカ、中央アジア、南西アジア、そして南太平洋に広がっている。核軍縮の追求に弾みを与える持続的なパワーの兆しが2013年の核兵器の人道上の影響に関するオスロ会議で明確になった。この会議には128カ国と国際赤十字運動、国連関係機関が参加し、核兵器使用で壊滅的影響を受ける世界を市民社会に思い起こさせた。

　核分裂性物質が引き起こす深刻な脅威についても国際的な認識が高まっている。各国政府は過去20年間、原子力プログラムをより透明にし、核の闇市場を閉鎖することで核不拡散体制を強化するために結集した。イランの核開発プログラムを包囲する国際外交は、国連安全保障理事会決議に裏付けられているが、民生用核燃料サイクルの一環であるウラン濃縮能力の普及から始まる潜在的な拡散の脅威に関する懸念に根ざしている。

　増加する核テロリズムの脅威は、盗難されやすい核分裂性物質を保護し、一元化し、そして廃絶する新たなイニシアティブをもたらした。これらの問題に重点的に取り組むために、2010年にワシントンで開催された最初の核セキュリティサミットには47カ国政府の首脳たちが集まった。第2回と第3回のサミットは2012年にソウル、2014年にハーグで開催され、53カ国の指導者たちを引き寄せた。第4回サミットは2016年にワシントンで開催された。

　核兵器の廃絶と、核拡散及び核テロリズムの防止という国際的な取り組みは主に並行して行われてきた。ここで提示されている核分裂性物質の視点はそれらの取り組みに共通の基盤を提供する。もし各国が核分裂性物質を保有し、それらを民生用プログラムで使用し続けるならば、核兵器を廃絶してもその脅威を終わらすことはできない。核拡散と核テロリズムの脅威に終止符を打つことは、核分裂性物質のセキュリティを高め、核兵器には不十分な生産になるよう永遠に制御することだと認識することである。核爆弾の解体から廃絶に至るには、核兵器を可能にする核分裂性物質の廃絶が必要なのである。

付録1　世界の主要な濃縮プラント（2013年時点）

施　設	型	稼働状態	保障措置の対象	生産能力 (tSWU/年)[1]
ブラジル				
レゼンデ	民生用	受託中	対象	115 ～ 200
中国				
シャンシー	民生用	稼働中	（対象）	1,000
ランチョウ II	民生用	稼働中	自主提供	500
ランチョウ III	民生用	稼働中	対象外	1,000
フランス				
ジョルジュ・ベス II	民生用	移動中	対象	7,500～11,000
ドイツ				
グロナウ II	民生用	稼働中	対象	2,200～4,500
インド				
ラッテハリ	軍事用	稼働中	対象外	(15 ～ 30)
イラン				
ナタンツ	民生用	建設中	対象	8 ～ 120
フォルドウ	民生用	建設中	対象	5 ～ 10
日　本				
六ヶ所[2]	民生用	運転再開	対象	50～1,500
オランダ				
アルメロ	民生用	稼働中	対象	5,000～6,000
北朝鮮				
ヨンビョン	?	稼働中	対象外	8
パキスタン				
カフタ	軍事用	稼働中	対象外	(15 ～ 45)
ガドワル	軍事用	稼働中	対象外	
ロシア				
アンガルスク	民生用	稼働中	対象外	2,200～5,000
ノヴォウラリスク	民生用	稼働中	対象外	13,300
ゼレノゴルスク	民生用	稼働中	対象外	7,900
セヴェルスク	民生用	稼働中	対象外	3,800
英　国				
ケープンハースト	民生用	稼働中	対象	5,000
米　国				
ユーニス，ニューメキシコ州	民生用	稼働中	自主提供	5,900

出　典：Enrichment capacity data is based on International Atomic Energy Agency (IAEA), Integrated Nuclear Fuel Cycle Information Systems (INFCIS), http://www.infcis.iaea.org; *Global Fissile Material Report 2013. Increasing Transparency of Nuclear Warhead and Fissile Material Stocks as a Step toward Disarmament* (Princeton: International Panel on Fissile Materials, 2013).

注：リストに記載されているすべては遠心分離ウラン濃縮プラントである。世界のHEUの在庫量のほとんどはガス拡散プラントで生産されたが、2013年時点ですべて閉鎖された。レーザーウラン濃縮技術は現在、開発中である。

[1] 生産能力は、ウランを濃縮するプラントの能力の尺度である、年あたりのトン分離作業単位（tSWU）で与えられている。これらのプラントのそれぞれのマシンは年間 1 ～ 2 kg-SWUから50～100kg-SWUの範囲の能力があり得る。プラント能力にある範囲が示されているものは、低い値が2013年時点の能力で、高い方の値が設計能力である。括弧内は見積もり値である。

[2] 2013年、六ヶ所の遠心分離プラントは新型遠心分離機で改装され、非常に低い能力で運転している。

付録2　世界の主要な再処理プラント（2013年時点）

施　設	型	稼働状態	保障措置の対象	設計能力 (tHM/年)[1]
中国				
ランチョウ パイロットプラント	民生用	稼働開始	（対象外）	50～100
フランス				
ラ・アーグ UP2	民生用	稼働中	対象（ユーラトム）	1,000
ラ・アーグ UP3	民生用	稼働中	対象（ユーラトム）	1,000
インド[2]				
トロンベイ*	軍事用	稼働中	対象外	50
タラプール*	両用	稼働中	対象外	100
カルパッカム*	両用	稼働中	対象外	100
イスラエル				
ディモナ*	軍事用	稼働中	対象外	40～100
日本				
六ヶ所	民生用	始動	対象	800
東海	民生用	一時的停止	対象	200
北朝鮮				
ヨンビョン	軍事用	待機中	対象外	100～150
パキスタン				
ニロール*	軍事用	稼働中	対象外	20～40
チャシュマ*	軍事用	建設中	対象外	50～100
ロシア				
マヤーク RT-1	民生用	稼働中	対象外	200～400
英国				
B205[3]	民生用	停止予定	対象（ユーラトム）	1,500
ソープ[4]	民生用	停止予定	対象（ユーラトム）	1,200
米国				
サバンナリバーH-キャニオン	民生用	特別稼働	対象外	15

出　典：Data on design capacity is based on International Atomic Energy Agency (IAEA), Integrated Nuclear Fuel Cycle Information Systems (INFCIS), http://www.infcis.iaea.org; and IPFM, *Global Fissile Material Report* 2013: *Increasing Transparency of Nuclear Warhead and Fissile Material Stocks as a Step toward Disarmament* (Princeton, NJ: International Panel on Fissile Materials, 2013).

注：＊重水炉燃料の処理。黒鉛減速・二酸化炭素冷却マグノックス炉の燃料を処理するB205を除いて他のすべてはLWR燃料の処理。

[1] 設計能力は、プラントが処理できるよう設計された、使用済み燃料の最大量を意味し、年間あたりのヘビーメタルのトン数（tHM/年）で測られる。tHMは使用済み燃料の中のヘビーメタル――この場合はウラン――の量の尺度である。実際の処理能力は設計能力よりも小さい。例えばロシアのRT-1は130 tHM/年以上を再処理したことはないし、フランスは海外の契約が更新されなかったので1050 tHM/年であった。LWR使用済み燃料には約1パーセントのプルトニウムが含まれ、重水炉と黒鉛減速炉には約0.4パーセントが含まれる。

[2] 2005年のインド-米国間の民生用原子力協力イニシアティブの一環として、インドはIAEAの保障措置の査察にすべての再処理プラントを提供しないことを決めた。

[3] 最後のマグノックス炉が2014年に廃止される予定である。英国の原子力廃止措置機関はB205プラントを、残っているマグノックス燃料を完全に再処理した後、2016年に閉鎖する計画にしている。

[4] 2012年6月に英国原子力廃止措置機関は2018年に見込まれている現在の再処理契約が完了した後に、セラフィールドのソープ再処理プラントを閉鎖する計画を発表した。

用語解説

アメリシウム241（Americium-241, Am-241）
　プルトニウム241の壊変で生み出される、半減期433年の核分裂性同位体。アメリシウムがこれまで配備核兵器に使われたという公式な報告はないが、核実験を含む、核兵器の研究および開発で使用された。IAEAは（核兵器用の）「代替となる核物質」とみなしている。

イエローケーキ（Yellowcake）
　80パーセント以上のU_3O_8を含む鉱石からウランを抽出する工程の間で生産されるウランの濃縮物。ウランの濃縮の準備のためにイエローケーキはUF_6に転換される。重水炉用の天然ウラン燃料の準備ではイエローケーキはウラン金属あるいは二酸化ウラン（UO_2）に加工される。

ウラン（Uranium）
　陽子数及び電子数が92の元素。核燃料サイクル及び核兵器において多様な形態で使用される。高濃縮ウラン（HEU）、低濃縮ウラン（LEU）及び天然ウランを参照。

ウラン233（Uranium-233, U-233）
　トリウム232が中性子を吸収することで生まれる人工の核分裂性同位体。HEU及びプルトニウムと同じように兵器に利用可能である。少なくとも1回は核実験に使用されたが核兵器に配置されたことはない。低エネルギー中性子による核分裂で放出される中性子はプルトニウム239の核分裂のそれよりも多いので、ウラン233は重水減速炉または軽水減速炉の燃料として関心がもたれている。ウラン233とともに少量のウラン232が一般的に生み出される。ウラン232の壊変生成物は高エネルギーで貫通性の高いガンマ線を生み出し、結果としてウラン235、ウラン238あるいはプルトニウムよりも強力な放射線フィールドをもたらす。

ウラン235（Uranium-235, U-235）
　自然に連鎖反応を起こす唯一の同位体。天然ウランは0.7パーセントのU-235を含んでいる。軽水炉は4～5パーセントのウラン235を含んだ燃料を使用している。兵器級ウランは通常少なくとも90パーセントを含んでいる。

ウラン238（Uranium-238, U-238）
　天然ウランはおよそ99.3パーセントのU-238を含んでいる。原子炉内で照射されることでプルトニウムを生み出すことができる。中性子を吸収した後、それはウラン239となり、壊変してネプツニウム239を経て核分裂性同位体のプルトニウム239になる。

遠心分離機（Centrifuge）
　ウランの濃縮のために用いられる急速に回転するシリンダー。六フッ化ウラン中の重い同位体（ウラン238）はシリンダーの壁付近で高濃度となるが、軽い同位体（ウラン235）はシリンダーの中心近くに集中する。

核（放射性）廃棄物（Nuclear waste）
　使用済み燃料は高放射能で、ほとんどの国では、廃棄物の1つとみなされている。使用済み燃料の再処理は、核分裂性物質と超ウラン元素を含む他の廃棄物の流れを生み出す。これらの形態の廃棄物は最終処分を待つ間、保管されている。

核燃料（Nuclear fuel）
　最も普通に使用されている核燃料は低濃縮ウランと天然ウランである。また高濃縮ウランや混合酸化物燃料を燃料として使用している原子炉もある。

核燃料サイクル（Nuclear fuel cycle）
　核物質を原子炉で使用するため、及び原子炉から核物質を取り出した後に処分またはリサイクルするために必要な化学的及び物理的な工程。既存の燃料サイクルはウラン鉱石の採掘に始まり、燃料が原子炉にある時に中性子がウラン238に吸収されることによって副産物としてプルトニウムを生産する。核分裂性同位体のウラン233を、それは後に原子炉でリサイクルされるが、生産する転換可能物質として天然トリウムを使用するいくつかの核燃料サイクルが提案されている。「開いた」核燃料サイクルは使用済み燃料を再処理せずに永久に処分する。「閉じた」核燃料サイクルはそれを再処理し、核分裂性で転換可能な物質を1回かそれ以上リサイクルし、核分裂生成物と他の放射性同位体を保管後、処分する。

核爆発力（Yield）
　1つの核爆発で放出される全エネルギー――通常はその爆発が同じ量のエネルギーを放出するであろうTNTのキロトン数で計られる。キロトン（kt）を参照。

核不拡散条約（Non-Proliferation Treaty, NPT）
　1970年に発効した核兵器の不拡散に関する条約。NPTは、(1)1967年までに核兵器の実験を行った5カ国以外の国に核兵器が普及することを防ぐ、(2)非核兵器国に国際的な保障措置の下で原子力の平和的使用を発展させる、(3)核軍縮を推進すること、を目的としている。

核分裂（Fission）
　原子核または、ウランあるいはプルトニウムのような原子が、中性子を吸収した後に、また時として自発的に、分裂する過程。原子核分裂の過程の中で、典型的に、2個か3個の中性子がガンマ線とともに放出される。このことで核分裂連鎖反応が可能になる。

核分裂可能物質（Fissionable material）
　中性子の打撃で核分裂を起こすことのできる原子核を持った重同位体。ウラン238

は高エネルギー中性子で核分裂を起こす点で、核分裂可能物質である。しかし、核分裂可能であるだけでなく核分裂性でもあるウラン235と違ってウラン238は核分裂連鎖反応を維持することはできない。

核分裂生成物（Fission products）
　重同位体の核分裂で生ずるクリプトン90やバリウム144のような中程度の重量の同位体。ほとんどの核分裂生成物は放射性である。

核分裂性物質（Fissile material）
　爆発的な核分裂連鎖反応を維持することができる物質――とくに、高濃縮ウランあるは、いかなる同位体組成のプルトニウム。

核分裂性物質生産禁止（カットオフ）条約（Fissile Material Cutoff Treaty, FMCT）
　兵器用の核分裂性物質の生産を終了させるために提案された条約。核分裂性物質生産禁止（カットオフ）条約、あるいは核分裂性物質条約とも呼ばれることがある。

核分裂兵器（Fission weapon）
　その爆発エネルギーのほとんどすべてが核分裂によって生み出される核兵器。対照的なのが、そのエネルギーの大部分を核融合から生み出す熱核兵器。

ガス拡散（Gaseous diffusion）
　質量の異なる同位体を含む気体分子が、多孔性隔膜または薄膜を通して拡散する速度が異なるという事実に基づいた同位体の分離法。ガス拡散法は高濃縮ウランのほとんどを生産するのに使用された。気体は高圧にするためにポンプで送り込まれるので非常に大量の電力を必要とする。

カスケード（Cascade）
　ウラン濃縮施設で同位体分離要素（例えば、遠心分離機）を配列したもの。カスケードはそれぞれが並行して同位体分離を行う一連の「段」として構成されている。1つの段で濃縮された物質がさらなる濃縮のために次の段に送られるように段は連結されている。もしカスケードに入る原料が天然ウランであれば最終生産物の流れは濃縮ウランと劣化ウランである。

ガラス固化（Vitrification）
　液体の高レベル放射性廃棄物を長期間の貯蔵または最終処分をするためにガラスの中に混ぜることで固体化すること。

カルトロン（Calutron）
　電磁場を利用したウラン同位体の濃縮技術で、軽いウラン235イオンは重いウラン238より曲げられることで、ウランのイオンビームが分離される。

簡易核爆発装置（Improvised nuclear explosive device）
　核施設で手に入る形態の核分裂性物質を使ってすばやく組み立てた粗雑な核爆弾。そのような装置は高濃縮ウランを使って組み立てることができ、1キロトン程度の核爆発力になるだろう。これはプルトニウムでは非常に困難である。

環境サンプリング（Environmental sampling）
　プルトニウム、核分裂生成物、あるいは高濃縮ウランの存在などのような、核分裂性物質を申告せずに生産している兆候を探知するためのNPT追加議定書に署名をした国でIAEAが用いている、核施設の内部と周囲で表面を拭い取り、解析のために空気、水、土、植生のサンプルを念のために採取する一連の技術。

ガンマ線（Gamma rays）
　ある原子核が励起状態から低いエネルギー状態へと遷移した際に放出される余剰エネルギーを運び去る高エネルギーの電磁波。

ギガワット（Gigawatt, GW）
　10億ワット（100万キロワット）。最新の大型原子力発電所の電気出力（GWe）または熱出力（GWt）の尺度として用いられる。メガワット（MW）を参照。

希　釈（Down-blending）
　軽水炉の燃料に使うことのできる低濃縮ウランを生産するために、高濃縮ウランを劣化ウラン、天然ウラン、または微濃縮ウラン（混合用在庫として知られる）で薄めること。これは冷戦期の過剰な核兵器から出る高濃縮ウランの在庫量を処分する方法であった。

キャンドゥ炉（CANDU reactor）
　カナダがデザインした天然ウランを燃料とする重水減速発電炉のこと。

キロトン（Kiloton, kt）
　核爆発のエネルギーを測定する単位で、定義では4.184テラジュール（4.184×10^{12}ジュール）に等しい。おおよそ1,000トンのTNTの爆発で放出されるエネルギーである。1キログラムの核分裂性物質の分裂は約18キロトンのTNTと等価なエネルギーを放出する。

クリプトン85（Krypton-85）
　クリプトン元素の放射性同位体、不活性ガスの1つであり、ウラン及びプルトニウムの核分裂によって生成される。半減期は10.7年。照射中に核燃料の中に蓄積され、通常は再処理の間に大気中に放出される。

グローブボックス（Glove box）
　作業者が危険物質を安全に扱うことができるように袖と手袋が組み込まれた、わずかに減圧された密閉作業室。

軽　水（Light water）
　水素の重い同位体である重水素を含んだ重水（D_2O）と区別された、普通の水（H_2O）。

軽水炉（Light water reactor, LWR）
　炉心の冷却及び核分裂間の中性子の速さを「穏やかに」してウラン235で捕獲される確率を増加させるために普通の水を使用する原子炉。LWRは通常は燃料として低濃

縮ウランを使用している。それは最も普及した原子炉のデザインである。元々は原子力潜水艦の動力として開発された。

研究炉（Research reactor）
そもそも実験目的のために中性子照射を供給するようにデザインされた原子炉。それはまた訓練、原子炉材料の試験、及び放射性同位体の製造に使用される。

原子力供給国グループ（Nuclear Supplier Group, NSG）
核技術と核物質を輸出する国々のグループで1977年に輸出ガイドラインを合意して設立された。それは供給国が輸出できるのはNPTに加盟している非核兵器国、あるいはNPT未加盟国ですべての核開発施設を保障措置の下に置くことを認める協定をIAEAと結んだ国に限るという合意である。2008年、米国の要求によってインドについては例外となった。

原子炉（Nuclear reactor）
熱を発生する管理された核連鎖反応を維持するためにデザインされた核物質と他の物質の配置。原子炉は次の3つの一般的なカテゴリーに集約される。動力及び推進炉；生産炉（プルトニウム、トリチウム、また医療で使用される放射性同位体の生産のため）；そして研究炉。動力炉あるいは推進炉による熱の発生は電力あるいは機械力に変換される。ほとんどの原子炉は照射済み燃料の中にプルトニウムを生み出す。

原子炉級プルトニウム（Reactor-grade plutonium）
米国は原子炉級プルトニウムを、プルトニウム240を兵器級プルトニウムよりずっと多い18パーセント以上含んでいるものと定義している。原子炉級プルトニウムは、しかしながら、核爆弾をつくるのに使用することができる。

高速中性子炉（Fast-neutron reactor, fast reactor）
運動エネルギーと速さの減少（「減速」）を最小限にした核分裂中性子で連鎖反応が維持される原子炉の型式。典型的に20～30パーセント濃度のプルトニウムあるいはウラン235を必要とするが、その割合は、原子炉冷却材の中で中性子のエネルギーが分子の熱運動のレベルまで「抑えられた」軽水炉のような原子炉の燃料よりずっと高い。高速炉の炉心がウランまたはトリウムのブランケットによって囲まれると、消費したものより多くの核分裂性物質を生産することができ、増殖炉として知られている。

高濃縮ウラン（Highly enriched uranium, HEU）
ウラン235原子核の割合を天然レベルの0.7パーセントから20パーセント以上に高めたウラン。2013年時点の、世界のHEUの大部分は90パーセントかそれ以上の濃縮度である。それは元々、核兵器用に製造されたからである。

国際原子力機関（International Atomic Energy Agency, IAEA）
1957年に国連の下に設立された独立機関で、核技術の平和的利用の推進及び核分裂性物質が平和利用から転用されていないか、あるいは未申告施設で生産されていないかをチェックする非核兵器国との「保障措置」合意を実行するという2つに責任を負っ

ている。

固形化（Immobilization）
　分離プルトニウムをガラス（「ガラス固化」）またはセラミック形成物質と混合して処分する方法。成形された廃棄物は最終的に地下深部の地層処分場あるいは掘削孔に置かれる。

混合酸化物（MOX）燃料（Mixed uranium plutonium oxide fuel, MOX fuel）
　酸化物の形態のプルトニウム及び天然ウランまたは劣化ウランの混合物から成る原子炉燃料でMOX燃料と呼ばれる。燃料中で主要な核分裂を起こす物質として、低濃縮ウラン中のウラン235をプルトニウムで置き換えたもの。MOXは再処理を通して使用済み燃料から回収されたプルトニウムをリサイクルしようとヨーロッパで使用されており、インドと日本で使用する計画がある。

再処理（Reprocessing）
　核分裂生成物からプルトニウムとウランを分離するための使用済み原子炉燃料の化学的処理。核分裂生成物の強烈な放射能のために、これは厚い遮蔽の背後で遠隔操作されなければならない。

作業分離単位（Separative work unit, SWU）
　与えられた組成の同位体混合物の原材料から、指定された濃縮度の同位体産物および劣化残物の特定量を生産するのに、この原材料に行わなければならない作業量の尺度。ウラン濃縮プラントでは、能力は典型的にkg-SWU/年で与えられる。1基の電気出力100万kWの軽水炉は、天然ウランから1年間にウラン235を4パーセントに濃縮したウラン20トンの供給燃料を製造するのにおよそ10万kg-SWUの分離作業を必要とする。これはそれが20kg-SWU/年の定格の遠心分離装置1万体を半年間稼働することでもたらされる。

酸化ウラン（Uranium oxide, U_3O_8）
　典型的な鉱石にみられる最も普通のウランの酸化物。酸化ウランは製粉工程で鉱石から取り出される。鉱石はわずか1パーセントのウランしか含んでいない。製粉工程の産物であるイエローケーキは80パーセント以上のウランを含んでいる。

重水（Heavy water, D_2O）
　原子核が1つの陽子だけからなる水素の大量の同位体を、原子核が陽子1つと中性子1つからなる稀少同位体（天然水素の0.01パーセント）の重水素で置き換えた水。それは重水炉で中性子を遅くする減速材として使用される。

重水炉（Heavy water reactor, HWR）
　核分裂間で中性子を遅くする「減速材」として重水を使う原子炉。重水は重水素を含んだ水分子を濃縮することで製造される。重水炉は典型的に燃料として天然ウランを使用する。普通の水で減速する原子炉では天然ウランを使って連鎖反応を維持することは不可能である。なぜなら水の中の「軽」水素が非常にたくさんの中性子を吸収

するからである。

使用済み燃料（Spent fuel）
　　原子炉から通常に取り出された燃料要素。それらが含んでいる核分裂可能物質はもはや連鎖反応を維持できない状態に近いレベルまで劣化している。発電炉の使用済み燃料中の高濃度の放射性核分裂生成物質はその周囲にガンマ放射線フィールドを生み出し、約100年の間、使用済み軽水炉燃料を「自己防護する」。取り出しから数年後、1メートル離れたところでのガンマ線フィールドは数分で致死量になる。取り出しから1世紀、それは数時間で致死量になる。

情報サーキュラー（Information Circulars, INFCIRCs）
　　国際原子力機関が発信している文書。

新START（New START）
　　配備戦略核戦力の削減及び制限をする米国とロシア連邦の間の2010年の条約。条約は各国が700までの配備戦略核兵器運搬システム（長距離ミサイルと核爆撃機）及びそれらが運ぶ（ミサイル）あるいは運ぶために備えつけられた（爆撃機）弾頭の総数を1,550の上限まで認める。条約は2011年に発効し、その制限は2018年までに達成される。検証はミサイル及び爆撃機の基地の相互査察を含んでいる。戦略核兵器削減条約（START）を参照。

生産炉（Production reactor）
　　主要には兵器用プルトニウムやトリチウムを大規模生産するためにデザインされた原子炉。副産物として電力を生み出す、二重目的の生産炉もある。

戦略核兵器削減条約（Strategic Arms Reduction Treaty, START）
　　1991年のSTART I 条約は、米国とロシアに戦略核兵器の運搬システム（長距離ミサイルと爆撃機）をそれぞれ1,600に制限し、それらが運ぶ（ミサイル）あるいは運ぶために備えつけられた（爆撃機）弾頭の総数に上限を定めた。それは2009年に失効し、上限をさらに下げた新START条約に取って代わった。

増殖炉（Breeder reactor）
　　その炉心で連鎖反応を起こして消費される核分裂性物質より、炉心を取り囲む、「肥沃な」ウラン238またはトリウムのブランケット内で生み出される核分裂性物質が多くなるようにデザインされた原子炉。ほとんどの研究と開発は、液体ナトリウム冷却高速中性子プルトニウム増殖炉に注がれた。もしナトリウムが空気や水にさらされると燃焼する。このことが燃料交換と維持管理を複雑にしている。多くの試みにもかかわらず、増殖炉はまだ商業化に成功していない。

中性子（Neutron）
　　質量が陽子よりわずかに大きい電荷を持たない基本粒子。中性子は水素より重いどの原子の原子核にみられる。中性子は核分裂連鎖反応を結びつける。

超ウラン（Transuranic）
　原子番号がウランのそれを超えるあらゆる元素。すべての超ウランは人工的に生産され、最も一般的に生産される超ウランは、重量の大きい順に（訳注：正しくは原子番号の大きい順に）ネプツニウム、プルトニウム、アメリシウム、キュリウムである。

追加議定書（Additional Protocol）
　核不拡散条約を遵守していることを検証するために最初に制定されたものよりもさらに厳しい国際原子力機関（IAEA）の保障措置を受け入れた国による自主協定。イラクの秘密濃縮プログラムの発覚を受けて1990年代に考案され、IAEAに申告した国の核開発活動に関する情報/報告を拡大し、この申告を検証するためのIAEAの査察に対し、その国の未申告の核開発活動の可能性をチェックするための環境サンプリングを含む、さらなる権利を与えた。

低濃縮ウラン（Low-enriched uranium, LEU）
　ウラン235原子核の割合を天然レベルの0.7パーセントから20パーセント未満に高めたウラン。軽水炉の燃料は通常は4〜5パーセントに濃縮されている。

天然ウラン（Natural uranium）
　自然に産出するウランで、ウラン235を0.7パーセント、ウラン238を99.3パーセント、そして微少量のウラン234（ウラン238が放射性壊変をし、トリウム234及びプロトアクチニウム234を経て生成される）を含んでいる。

同位体（Isotope）
　特定数の中性子を含んでいる原子核を持ったあらゆる元素の形態。通常はその原子核の陽子と中性子の数の和で識別される（例えば、ウラン235は陽子92個と中性子143個を持つ）。ある元素のすべての同位体は原子核内に同じ数の陽子があるので（ウランなら92）、したがって同じ数の電子があり、実際は同じ化学的性質を持つ。しかし、原子核内の中性子の数が異なるので、原子量が異なり、核の性質も異なる。例えば、ウラン235は核分裂連鎖反応を維持できるが、中性子が3個多い核であるウラン238はそれができない。

トリウム232（Thorium-232, Th-232）
　天然に存在するトリウムの同位体。原子炉内で照射されることでウラン233を生み出すことができる。中性子を吸収した後、それはトリウム233となり、壊変して核分裂性同位体のウラン233になる。

トリチウム（Tritium）
　最も重い水素の同位体で、その原子核に1つの陽子と2つの中性子がある。半減期は12.3年で、中性子によるリチウム6の核分裂によって原子炉及び熱核兵器の中で生まれる。ブーストを参照。

二酸化ウラン（Uranium dioxide, UO_2）
　重水炉及び軽水炉の燃料として使用されるウランの化学形態。二酸化ウランの粉末

は加圧され、その後、セラミックの燃料ペレットに焼結される。

熱核爆弾（Thermonuclear explosive）
　　水素爆弾としても知られる核兵器の1つのタイプで、水素の重い同位体である重水素とトリチウムの核融合反応を通して大量のエネルギーを放出するこれらの核融合反応は核分裂爆発の「引きがね」によってつくられる約1億℃の温度を必要とする。熱核兵器は簡単な核分裂兵器よりずっと大きな核爆発力を持つ。

ネプツニウム237（Neptunium-237, Np-237）
　　原子炉の中で、ウラン235の2回の連続した中性子捕獲と1回の放射性壊変で生み出される、半減期200万年の核分裂性同位体。Np-237がこれまで実際に核兵器に使われたという公式な報告はないが、ウラン235のように核兵器に適した性質がある。IAEAは「代替となる核物質」とみなしている。

燃焼度（Burnup）
　　原子炉内の核燃料の質量によって生み出される核分裂エネルギーの尺度。通常は、原子炉から取り出す時間が与えられた時、キログラムあたり熱出力メガワット日あるいはトンあたり熱出力1,000メガワット日の単位で測られる。

濃縮（Enrichment）
　　所定の元素の1つの同位体の割合を高める工程で、ウランの場合は、連鎖反応を起こすウラン235の、もっと大量にあるウラン238同位体に対する割合を高めることである。

爆縮型核爆弾（Implosion-type nuclear explosive）
　　臨界未満質量を高密度に圧縮することでつくり出される超臨界質量の核爆弾。長崎原爆は、コアがプルトニウムの爆縮型の装置だった。

発電炉（Power reactor）
　　熱を発生させて電気を生み出す原子炉――通常は、高圧蒸気を発生させてタービンを駆動する。

半減期（Half-life）
　　大量の特定の放射性同位体の原子核の半分が壊変するのにかかる時間。

ピット（Pit）
　　核分裂性物質（普通はプルトニウム、時にはHEU、あるいは両者の混合）の固体の塊あるいは中空の殻で、鋼鉄のような保護金属で被覆されている。核兵器では、ピットは高性能爆薬に取り囲まれており、起爆時に爆薬が核分裂性物質を圧縮して臨界超過状態して爆発的な連鎖反応を起こすことができる。

ピューレックス法（Plutonium Uranium Extraction, PUREX）
　　使用済み燃料からプルトニウムを分離する方法。再処理を参照。

ブースト（Boosting）
　　核分裂兵器の爆発で消費される核分裂性物質の量を増加させるメカニズムで、これ

によって核爆発力は増加する。ブーストは核分裂爆発の熱に依存する。それは水素の重い同位体である重水素とトリチウムの核融合を誘導し、さらに核分裂を引き起こす新たな中性子を生み出す。

プルトニウム239（Plutonium-239, Pu-239）
　ウラン238が余分な中性子を捕獲したときに生まれる半減期約24,000年の核分裂性同位体。核兵器のコアに使用されるプルトニウムは典型的にPu-239が90パーセント以上で「兵器級」と記述する。

プルトニウム240（Plutonium-240, Pu-240）
　原子炉内でプルトニウム239原子核が核分裂をせずに中性子を吸収して生まれる半減期6,600年の同位体。自発核分裂からの高い中性子放出率は兵器中のプルトニウムを好ましくないものにする。

プルトニウム241（Plutonium-241, Pu-241）
　原子炉内でプルトニウム240が中性子を吸収して生まれる半減期14年の核分裂性同位体。Pu-241は壊変してアメリシウム241になる。

兵器級（Weapon-grade）
　核分裂爆弾に典型的に使用される同位体組成を持った核分裂性物質。すなわち、ウラン235を90パーセント以上に濃縮したウランまたはプルトニウム239を90パーセント以上含むプルトニウム。20パーセント以上に濃縮されたウラン及びプルトニウムのいかなる同位体混合物（ただしプルトニウム238が80パーセント未満）は兵器級ではないが、兵器に利用可能と考えられている。広島原爆に使用されたウランは平均で約80パーセントに濃縮されたものだった。

ヘビーメタル（重金属）（Heavy metal, HM）
　原子炉燃料中のウランとプルトニウムの合計質量を記述するのに典型的に使用される。酸化物燃料を特徴づけるのに使われる時は、ヘビーメタル質量は燃料の全質量から被覆材と酸素含有量を引いたものである。

放射能（Radioactivity）
　不安定な原子の原子核が自発的な壊変を起こして、電子（ベータ壊変）あるいはヘリウム原子核（アルファ壊変）を放出する。新しい原子核はしばしば「励起」状態として生み出され、過剰なエネルギーをガンマ線の形で放出する（高エネルギーX線）。

砲身型核爆弾（Gun-type nuclear explosive）
　1つの臨界未満質量をもう1つに向けて発射することでつくり出される超臨界質量の核爆弾。この方式は高濃縮ウランでは機能するがプルトニウムでは機能しない。広島原爆は砲身型装置であった。

保障措置（Safeguards）
　時宜にかなった方法で、平和的な核開発活動から有意量の核分裂性物質の転用を監視を通して探知することを目的とした措置。核不拡散条約の締約国である非核兵器国

に対しては、保障措置はIAEAによって実施される。有意量（SQ）を参照。

マグノックス炉（Magnox reactor）
　英国でデザインされ、広く使われている、天然ウランを燃料とする、黒鉛減速・二酸化炭素冷却原子炉。世界で最初に商業用原子力発電所に使用された炉のデザインであり、1956年に運転を開始した。英国はまたこの炉を兵器級プルトニウム生産のために使用した。現在、これらの原子炉は退役している。

メガワット（Megawatt, MW）
　100万ワット。原子力発電所の電気出力の尺度として用いられる。100万ワットの電力（メガワット、またはMWe）。また研究炉あるいはプルトニウム生産炉での熱の放出率の尺度として使われる。100万ワットの熱エネルギー（熱出力メガワット、またはMWt）。今日の典型的な軽水炉の最大電力発生能力は約1,000メガワット――つまり1ギガワットである。そのような原子炉は約3,000 MWtを発生させる。

メガワット日（Megawatt-day, MWt-day）
　エネルギーの単位。1メガワットの率で熱を発生させる原子炉が1日に放出する熱の累積量。1グラムのウランまたはプルトニウムの核分裂は約1 MWt日の熱エネルギーを放出する。

有意量（Significant quantity, SQ）
　第一世代の核爆発装置を製造するのに必要な核分裂性物質の量のためにIAEAが使う用語。この量は製造中に予想される損失を含んでいる。その査察目標を設定する際に、IAEAはこれらの量を次のように想定している。すなわち、8キログラムのプルトニウム（ただしプルトニウム238は80パーセント未満）、8キログラムのウラン233、そして高濃縮ウランの中の25キログラムのウラン235。

臨界質量（Critical mass）
　連鎖反応を維持するのに必要な核分裂性物質の最小量。連鎖反応を維持するのに必要とされる物質の正確な質量はその形状、核分裂性同位体とそれが含んでいる他の元素との混じり合い、その密度、そして中性子を反射する能力と周囲の物質の厚さによって変わる。

劣化ウラン（Depleted uranium）
　ウラン235の割合が天然ウランにみられる0.7パーセントよりも少ないウラン。ウラン濃縮工程の廃棄物である。

連鎖反応（Chain reaction）
　1つの核分裂から放出される中性子が他の原子核分裂を引き起こす、核分裂の連続した行程。核兵器では、急速に増殖する連鎖反応がエネルギーの爆発的な放出をもたらす。定常出力の原子炉の運転では、連鎖反応は制御され、それぞれの核分裂は平均して1つの後続する核分裂を引き起こす。

六フッ化ウラン（Uranium hexafluoride, UF_6）

　ウランとフッ素の揮発性化合物。UF_6は大気圧・室温で固体であるが加熱すると気体に変わる。UF_6ガスはガス遠心分離機及びガス拡散によるウラン濃縮工程での原料である。

監訳者あとがき

　「核兵器を作るには核物質が不可欠だ」……当たり前のことなのだが、意外と忘れられている事実だ。言い換えれば、「核兵器のない世界を実現するには核物質の廃絶も必要だ」……この事実に注目したのがこの本である。この本が執筆された2014年から3年がたってしまったが、いまだにこのテーマの重要性は変わっていない。いや、むしろその重要性は高まっている。

　米国にトランプ新大統領が誕生し、米ロの核をめぐる関係は決して楽観を許さない。世界中でテロ襲撃が頻発、南アジアのインド・パキスタン対立、北朝鮮の核開発……と2014年時点より核をめぐる情勢は緊張を増している。なかでも、この本が焦点にしている核物質在庫量も減少どころか、増加する一方であり、この本が描いている「核のない世界へのアプローチ」はなかなか実現していない。

　さらに、翻訳版への著者の序文にあるように、こういった世界の状況の中で日本の果たす役割の重要性がさらに増している点に私たちは留意せねばならない。核廃絶を国是としている反面、核抑止に依存している日本の「核のジレンマ」は解消するどころか、ますます深まっているのが現実だ。2016年にはオバマ大統領の現職大統領として初めての被爆地広島訪問が実現したが、国連総会第一委員会における「核兵器の法的禁止措置に向けた交渉決議」に、日本は「反対」票を投じ、核のない世界を願う被爆者、いや日本のほとんどの国民の期待を裏切った。そして、平和利用の名の下に、核兵器の材料になる分離プルトニウム在庫量は増加しつづけ2015年末には48トンにまで増加している。それにもかかわらず、日本政府は今後も再処理してプルトニウムを利用する核燃料サイクル政策を堅持する方針を変えていない。

　本書は、そういった世界情勢を踏まえたうえで、核兵器のない世界を目指すために不可欠な核物質の問題をわかりやすく解説したうえで、現実可能な提言をおこなったものである。書かれてから3年たった今でも、いや今こそ、核兵

器のない世界を願う多くの専門家や一般市民にも手に取っていただきたい貴重な解説書である。全編を読むというより、必要な時に手に取って、解説書として本棚においていただき、この問題の本質を十分理解していただく一助となれば幸いである。

　なお、原著のデータは、翻訳時点で入手可能な限り、最新のデータに訳者の責任で更新してある。

　　2017年1月18日

鈴木達治郎

著者・訳者紹介

■ 著 者

Harold A. Feiveson　ハロルド・ファイブソン

プリンストン大学公共・国際問題ウッドロー・ウィルソン・スクール上級研究員・講師。博士（1972年、公共問題、米国プリンストン大学）。学術誌「科学とグローバル安全保障」編集長。2006年までプリンストン大学「科学とグローバル安全保障」プログラムの共同創設者で共同ディレクター。

Alexander Glaser　アレキサンダー・グレーザー

プリンストン大学公共・国際問題ウッドロー・ウィルソン・スクールと機械航空工学科准教授。博士（2005年、物理学、独ダルムシュタット大学）。雑誌The Bulletin of the Atomic Scientistsの科学と安全保障理事会メンバー。学術誌「科学とグローバル安全保障」の共同編集者。2015年からInternational Panel on Fissile Material (IPFM)共同議長。

Zia Mian　ジア・ミアン

プリンストン大学科学とグローバル安全保障プログラム研究員、南アジアにおける平和と安全保障プロジェクトのディレクター。博士（1991年、物理学、英国ニューカッスル・アポンタイン大学）。学術誌「科学とグローバル安全保障」の共同編集者。2015年からIPFM共同議長。

Frank N. von Hippel　フランク・フォン・ヒッペル

プリンストン大学公共・国際問題ウッドロー・ウィルソン・スクール、「科学とグローバル安全保障」プログラム、名誉教授。博士（1962年、物理学、英国オックスフォード大学）。プリンストン大学「科学とグローバル安全保障」プログラムの共同創設者、2006年から14年までIPFM共同議長。クリントン政権時、ホワイトハウス科学技術政策局安全保障担当特別補佐官を務める。

■ 監訳者

鈴木　達治郎（すずき　たつじろう）

長崎大学核兵器廃絶研究センター センター長・教授。
1951年生まれ。75年東京大学工学部原子力工学科卒。78年マサチューセッツ工科大学プログ

ラム修士修了。工学博士（東京大学、1988年）。2010年1月より2014年3月まで内閣府原子力委員会委員長代理を務めた。核兵器と戦争の根絶を目指す科学者集団パグウォッシュ会議評議員として活動を続けている。『アメリカは日本の原子力政策をどうみているか』（共編、岩波書店、2016）。

■訳 者

冨　塚　　明（とみづか　あきら）

長崎大学大学院 水産・環境科学総合研究科 准教授。長崎大学核兵器廃絶研究センター 准教授（兼務）。
専門は環境物理学。博士（環境科学、長崎大学、2012年）。被爆者問題、核兵器、原子力発電、安全保障などの課題に取り組んでいる。RECNA「核弾頭データ追跡チーム」及び「核分裂性物質データ追跡チーム」のメンバーの1人。『核兵器をめぐる5つの神話』（共訳、法律文化社）、『環境問題の数理科学入門』（共訳、丸善）。

RECNA叢書 2

核のない世界への提言
── 核物質から見た核軍縮

2017年3月25日　初版第1刷発行

著　者	ハロルド・ファイブソン／アレキサンダー・グレーザー ジア・ミアン／フランク・フォン・ヒッペル
監訳者	鈴木　達治郎
訳　者	冨塚　　明
発行者	田靡　純子
発行所	株式会社 法律文化社

〒603-8053
京都市北区上賀茂岩ヶ垣内町71
電話 075(791)7131　FAX 075(721)8400
http://www.hou-bun.com/

＊乱丁など不良本がありましたら、ご連絡ください。
　お取り替えいたします。

印刷：西濃印刷㈱／製本：㈱藤沢製本
装幀：白沢　正
ISBN 978-4-589-03848-7
Ⓒ2017 T. Suzuki, A. Tomizuka Printed in Japan

JCOPY　〈(社)出版者著作権管理機構 委託出版物〉

本書の無断複写は著作権法上での例外を除き禁じられています。複写される場合は、そのつど事前に、(社)出版者著作権管理機構（電話 03-3513-6969、FAX 03-3513-6979,e-mail: info@jcopy.or.jp）の許諾を得てください。

ウォード・ウィルソン著 黒澤 満日本語版監修／広瀬 訓監訳 **核兵器をめぐる5つの神話** 〈RECNA叢書〉　　　A5判・186頁・2500円	「日本の降伏は原爆投下による」、「核には戦争を抑止する力がある」など、核兵器の有用性を肯定する理論が、史実に基づかない都合のよい〈神話〉に過ぎないことを徹底検証する。核廃絶のための科学的な論拠と視座を提供する。
広島市立大学広島平和研究所監修 吉川 元・水本和実編 **なぜ核はなくならないのかⅡ** ―「核なき世界」への視座と展望― 　　　　　　　　　A5判・240頁・2000円	核廃絶が進展しない複合的な要因について国際安全保障環境を実証的かつ包括的に分析し、「核なき世界」へ向けての法的枠組みや条件を探究するとともに、被爆国・日本の役割を提起する。
山田康博著 **原爆投下をめぐるアメリカ政治** ―開発から使用までの内政・外交分析― 　　　　　　　　　A5判・242頁・4300円	なぜアメリカは日本へ原爆を投下したのか。70年が経過した今、あらためて先行研究のすべてを整理のうえ、開発から使用までの内政・外交の全政治過程を分析する。論拠となる文献・資料の典拠をすべて提示することによって、根拠を明らかにした。
藤田久一著 **核に立ち向かう国際法** ―原点からの検証― 　　　　　　　　　A5判・242頁・5200円	原発事故で改めて大きく問われている核問題。約半世紀前の広島・長崎原爆判決を起点に、国際法が核使用にどこまで歯止めをかけてきたのかを歴史的に検証する。国際司法裁判所の意見、9.11後の日米安保を扱う論考も収載。
広島市立大学広島平和研究所編 **平和と安全保障を考える事典** 　　　　　　　　　A5判・710頁・3600円	混沌とする国際情勢において、平和と安全保障の問題を考える上で手引きとなる1300項目を収録。多様な分野の専門家らが学際的アプローチで用語や最新理論、概念を解説。平和創造の視点から国際政治のいまとこれからを読み解く。

―法律文化社―

表示価格は本体（税別）価格です